블록체인과
데이터 3.0

블록체인과 데이터 3.0

초판 1쇄 발행   2023년 1월 16일
초판 2쇄 발행   2023년 1월 20일

지은이 | 최성원
펴낸이 | 하인숙

기획총괄 | 김현종
책임편집 | 유경숙
디자인 | 표지 강수진, 본문 정희정

펴낸곳 | 더블북
출판등록 | 2009년 4월 13일 제2022-000052호

주소 | (우)07983 서울시 양천구 목동서로 77 현대월드타워 1713호
전화 | 02-2061-0765   **팩스** | 02-2061-0766
블로그 | https://blog.naver.com/doublebook
인스타그램 | @doublebook_pub
포스트 | post.naver.com/doublebook
페이스북 | www.facebook.com/doublebook1
이메일 | doublebook@naver.com

ⓒ 최성원, 2023
ISBN 979-11-980774-5-5 03320

블록체인과
데이터 3.0

최성원 지음

DATA
3.0

다블북

추천사

이제는 데이터 3.0 시대!

이 책은 내가 만든 데이터로 부를 축적하는 웹 3.0 시대에 우리가 꼭 알아야 할 데이터 1.0~3.0 변천사부터 버추얼커런시, 크립토커런시, 디지털커런시 등 블록체인 및 디지털자산과 관련된 기본적인 용어 개념, 업계에서 저자의 수많은 경험을 토대로 한 데이터 소유권 확보와 상호운용성 검증 등 블록체인 산업 진흥을 위한 정부제도 필요성과 대안을 제시한다.

웹 3.0 시대를 살아가고 있는 우리 독자들은 물론이고 특히나 정부 관계자들은 블록체인 산업의 교양 과목 교과서와 같은 이 책을 반드시 읽어보기를 권한다.

김태희 | 한국블록체인정책포럼 회장

이 책은 데이터 분석에 기반한 인공지능(AI) 분야 전반에 걸친 이론과 실전에 관한 포괄적이고 심도 있는 지식을 담은 책이다. 총 6장으로 구성된 책에서 저자는 데이터 가치, 블록체인, NFT, 그리고 메타버스에 이르기까지 4차 산업혁명이 가져온 변화들을 이론과 실무를 배합하여 다양한 방식으로 풀어내고 있으며 각 기술에 관한 정보를 제공하고 보다 통합적 방식으로 개념을 제시한다.

독학을 하거나 학부·대학원 과정의 학생들을 위한 교과서인 동시에 이 주제에 관심 있는 다양한 분야 전문가들을 위한 입문서로도 매우 적합한 책이다. 다가오는 미래가 유토피아가 될지 디스토피아가 될지는 결국 우리의 현실 이해에 달렸다. 이 책을 통해 독자들은 상상할 수조차 없이 빠르게 변화하는 시대의 흐름에 휩쓸리지 않고 자신만의 답을 찾을 수 있는 열쇠를 발견하게 될 것이다.

정삼영 | **연세대 교수**

혁신적으로 진화하고 있는 기술 분야인 블록체인 기반의 데이터 3.0 과 NFT에 대한 정확하고 실용적인 산지식을 갈구하는 많은 이들에게 현장감과 생동감이 넘치는 업계 전문가의 지식을 사업 경험과 분석과 전망을 통해 생생하게 전해주는 이 책을 강력히 추천한다.

생소하고 복잡하고 다양하게 적용되는 신기술의 내용이 난해하지 않은 것은 "데이터 주권은 데이터를 만든 사용자에게 있다"는 핵심 철학이 중심을 잡고 있기 때문이다. 이 책은 바로 이 시대의 '데이터 권리장전'이다.

홍준기 | 컴버랜드 대표

변화는 늘 생각보다 느리며 변화를 체감했을 때는 너무 빠르게 온 것처럼 느껴지는 법이다. 이 책은 온체인 데이터가 가질 수 있는 가치에 대해서 저자가 비즈니스를 하면서 습득한 실전적 사례와 함께 블록체인 시장의 흐름을 담아, 독자가 다양한 시각으로 시장과 우리 미래의 변화에 대해 짐작해볼 수 있게 한다. 또한 깊은 경험에서 나온 값진 지식으로 가득 차 있는 이 책을 통해 독자는 데이터 3.0 시대에 대한 자신만의 깊은 통찰적 시각을 가질 수 있을 것이다. 앞으로 블록체인 기술이 세상에 어떤 영향을 주게 될지 궁금하다면 꼭 한 번 읽어보길 바란다.

신정환 | 전 카카오 CTO

새로운 시장의 변화와 기회가 생길 때 항상 큰 기대와 희망에 찬 미래의 이야기, 그리고 걱정과 위기가 동시에 찾아오곤 한다. 이 책은 변화무쌍한 블록체인과 웹 3.0 세상은 어떤 배경과 철학에서 생겨났으며 그 과정에서 만들어진 다양한 경험들이 어떻게 세상을 바꾸는 열쇠가 될 것인지 이해하는 데 도움을 준다. 시장의 변화에 대해 관찰을 통해서가 아니라 블록체인 사업 현장에서 직접 경험하고 느낀 현장의 이야기들이라 더욱 생생하게 느껴진다.

김성훈 | IPX 대표

블록체인이 이끄는
데이터 3.0 패러다임의 전환!

안녕하십니까? 블록체인 기술 개발사 수퍼트리의 대표이자 한국블록체인사업협동조합 이사장을 맡고 있는 최성원입니다.

지난 2022년 10월 15일, 국민 앱의 데이터시스템 화재 사고로 모바일 메신저뿐 아니라 금융, 쇼핑, 모빌리티 등의 모든 서비스가 중단되는 초유의 사태가 발생했습니다. 여러분은 어떠셨나요? 국내 대표 IT 기업의 갑작스러운 데이터센터 셧다운은 각종 서비스를 넘어 우리의 일상까지도 한 순간에 멈추게 만들었습니다. 이 사건을 통해 중앙화된 데이터센터 뒤에 가려졌던 문제점과 한계가 여실히 드러났으며, 탈중앙화된 분산 데이터베이스, 즉 블록체인 기반의 인프라 구축이 얼마나 중요한지를 깨닫게 하는 계기가 되었다고 생각합니다.

최근 IT 기술의 급속한 발전으로 데이터의 중요성이 더욱 커지고 있습니다. 데이터 소유권 문제는 어제 오늘의 일이 아닙니다. 인터넷의 성장과 함께 사용자 데이터 문제도 커져갔지만 당시에는 이를 해결할 근본적인 방법이 없었습니다. 모바일 시대로 넘어오면서 데이터 소유권 문제는 더욱 심각해졌고 중앙화된 플랫폼 기업이 사용자 데이터를 활용해 광고 수익을 얻을 때 정작 사용자는 아무 혜택도 받지 못하고 그저 바라만 볼 수밖에 없었습니다.

이제 우리는 일상의 모든 데이터가 단순한 정보가 아닌 비즈니스적으로 엄청난 부의 가치를 지닌다는 점을 명심해야 합니다. 탈중앙화된 공공의 분산 데이터베이스인 블록체인과 데이터 소유권 증명 도구인 NFT의 급속한 발전은 중앙화된 시스템이 몰고 온 사회 불평등과 신뢰 문제를 기술적으로 해결할 수 있는 방법을 제시했고 본격적인 데이터 3.0 시대의 이동을 가속화했습니다. 중앙화된 시스템 속에서 발생하는 불합리를 더 이상 겪지 않기 위해서는 데이터 소유권 확보가 무엇보다 중요합니다. 그리고 이러한 현실 속에서 블록체인은 글로벌 데이터 독점 문제를 합리적으로 해결할 수 있는 데이터 3.0 시대의 핵심 기술임이 분명합니다.

이 책을 쓰게 된 궁극적인 목적은 데이터 소유권의 중요성을 널리 알리고 블록체인 기술의 정확하고 올바른 이해를 돕기 위함입니다. 블록체인이 투자 개념으로만 편중된 현상은 블록체인의 잘못된 이해에서 시작됐다고 생각합니다.

책에는 데이터 3.0 패러다임을 몰고 온 다양한 사회 현상에서부터 데이터 3.0 시대를 이루는 핵심 키워드, 그리고 블록체인 기술의 기본 개념과 등장 배경, 블록체인 플랫폼이 갖춰야 할 필수 조건과 주요 블록체인의 비교 분석 등을 자세히 담았으며 성장 가능성이 높은 블록체인 프로젝트의 행보를 살펴볼 수 있는 기업형 노드 밸리데이터 글로벌 TOP 4에 대한 정보도 함께 소개했습니다. 이 외에도 데이터 3.0 시대를 주도할 NFT와 마켓플레이스, 내가 만든 데이터가 수익이 되는 새로운 비즈니스 모델인 X2E와 메타버스까지 총망라해 그동안 블록체인 업계에서 몸소 부딪히며 배우고 깨달은 지식과 정보를 아낌없이 담았습니다.

부디 많은 독자들이 데이터 3.0 시대와 블록체인 생태계를 좀 더 쉽고 폭넓게 이해하는 데 도움이 되길 바라며 데이터 3.0 시대에 찾아올 도약과 성장의 기회를 선물하는 책이 되길 바랍니다. 마지막으로 이 책이 나오기까지 수고한 수퍼트리의 데이터 3.0 연구팀과 사랑하는 아내에게 감사의 마음을 전하고 싶습니다.

2023년 1월
최성원

Contents

PART 3

블록체인이 낳은 데이터 소유권 증명 기술, NFT

PART 6

자유롭게 오가는 데이터 3.0의 세상, 메타버스

DATA
30

PART 1

이제는
데이터 3.0 시대!

Chapter 1

'정적', '동적', '민주적' 단계로 진화된 데이터 발전 과정

대한민국 헌법 제1조 제2항은 '대한민국 주권은 국민에게 있고, 모든 권력은 국민으로부터 나온다.'고 명시했다. 이는 데이터도 마찬가지다. 데이터 주권은 데이터를 만든 사용자에게 있다. 모든 권력 역시 사용자로부터 나와야 한다. 나라 주권을 빼앗기면 식민지가 되는 것처럼 사용자에게 데이터 주권이 없으면 중앙화된 국가나 기업에게 종속될 수밖에 없다. 거창한 얘기처럼 들릴지 모르지만 이는 데이터 소유권을 잃은 지금 우리의 이야기이다. 더 이상 중앙화된 시스템 속에서 발생하는 불합리를 겪지 않기 위해서는 데이터 소유권 확보가 중요하고, 블록체인 기술은 글로벌 데이터 독점 문제를 해결할 수 있는 데이터 3.0시대를 열었다.

데이터 3.0에 대한 얘기에 앞서, 데이터의 사전적인 의미부터 알아보자. 데이터는 지금 우리에게 너무도 익숙한 단어지만 먼저 데이터의 기본 개념을 제대로 정립할 필요가 있다. 국립국어원 표준국어대사전은 데이터Data에 대해 '정보·통신 컴퓨터가 처리할 수 있는 문자, 숫자, 소리, 그림 따위의 형태로 된 정보'라고 정의했다. 여기서 핵심은 '데이터'는 '정보'라는 것이다. 내가 PC와 모바일상에서 발생시키는 모든 데이터는 곧 나의 정보이고 이 정보는 비즈니스적으로 엄청난 부의 가치를 지닌다.

데이터의 발전은 웹의 발전과 일맥상통한다. 웹 1.0이 웹 2.0을 지나 웹 3.0을 향하고 있는 것처럼 데이터 역시 초창기 데이터 1.0을 시작으로 지금의 데이터 2.0 시대를 지나 블록체인을 기반으로 한 데이터 3.0으로 빠르게 발전하고 있다.

먼저 데이터 1.0부터 살펴보자. 데이터 1.0은 1990년 초 인터넷과 PC가 보급되기 시작했던 'PC온라인 시대'의 데이터를 말한다. 신문이나 TV처럼 웹사이트 공급자가 웹을 통해 일방적으로 제공하는 데이터만 보고 읽는 정적인 환경이었다. 오직 공급자의 단방향 정보 전달로 사용자는 단순히 데이터 읽기만 가능했다. 2000년대에 들어서는 인터넷과 모바일 발전으로 데이터 흐름이 동적으로 변했다. 이것이 바로 데이터 2.0이다. 데이터 2.0은 단순히 읽기를 넘어 쓰기 기능까지 더해졌고 사용자는 자신의 생각이나 의견을 담은 데이터를 블로그, 댓글, 카페, 채팅 등의 다양한 채널을 통해 공유하며 상호적인 콘텐츠를 생산했다. 웹상에서 클릭, 스크롤, 로그인 등의 흔적을 남긴 사용자의 활발한 동적 데이터는 웹사이트 공급자에게는 큰 수익 모델이었다. 데이터가 발전함에 따라 웹 또한 사용자가 찾아본 뉴스, 방문한 쇼핑몰 등의 로그 데이터를 모두 수집했고 개인화된 웹페이지를 제공하는 반응형 웹으로 진화했다. A와 B가 같은 포털 사이트를 보더라도 화면이 다른 이유가 바로 이 때문이다. 데이터 2.0 시대를 이끄는 국내 대표 기업으로는 네이버가 있으며, 사용자에 따라 자체적으로 메인 화면 뉴스를 편집하고 이 과정에서 데이터 편집에 대한 의심을 받기도 했다. 이에 2009년 1월 뉴스캐스트란 이름하에 각 언론사가 직접 편집한 뉴스 박스를 이용자가 네이버 메인에서 선택해서 볼 수 있는 서비스로 개선했지만 여전히 데이터 편집 문제는 남아 있다.

급속한 모바일 발전으로 등장한 유튜브 역시 동적인 데이터 2.0 시대의 가장 큰 수혜를 입은 동영상 공유 서비스로, 공급자가 아닌 유튜버라 불리는 사용자가 각자의 영상 데이터를 새롭게 창조하거나 2차 가공하는 크리에이터 시대를 주도했다. 이 데이터는 데이터 1.0 시대의 다수를 위한 보편적인 데이터Regular data가 아닌 각각의 희소한 가치를 지닌 불규칙적인 데이터Irregular data로, 유튜브는 이를 통해 엄청난 부를 창출했다. 이렇게 사용자가 만들어낸 데이터로 글로벌하게 급성장한 기업으로는 페이스북을 꼽을 수 있고 국내에서는 카카오 역시 이에 해당한다.

데이터 3.0은 데이터 2.0의 중앙화된 데이터베이스 시스템에 사용자들이 데이터 주권을 이슈화하며 시작됐다. 탈중앙화된 공공의 분산 데이터베이스인 블록체인과 데이터 소유권 증명 도구인 NFT의 급속한 발전은 데이터 2.0 시대의 불합리한 문제들을 기술로 해결할 수 있는 방법을 제시했고 데이터 3.0 시대의 이동을 가속화했다. 데이터 3.0 시대는 사용자가 만들거나 구입한 데이터가 블록체인에 저장되면 데이터 소유권 증명이 명확해지고 이로 인해 발생하는 수익은 스마트 컨트랙트Smart contract라는 블록체인상의 계약 프로그램에 따라 투명하게 정산된다. 비로소 사용자가 만든 데이터의 소유권 증명과 공정한 수익 공유를 동시에 얻을 수 있는 민주적인 환경으로 발전하는 것이다.

그럼 이제 본격적으로 데이터 3.0이 갖춰야 할 데이터의 핵심 키워드에 대해 알아보자.

Chapter 2

데이터 3.0을 이루는 4가지 핵심 키워드

탈중앙화 Decentralized	원자성 Atomicity	트랜잭션 Transaction	속성 (메타데이터) Attribute

    데이터 3.0을 이루는 4가지 핵심 키워드를 DATA의 알파벳 순서대로 탈중앙화Decentralized, 원자성Atomicity, 트랜잭션Transaction, 속성Attribute으로 정리했다.

키워드 1. 탈중앙화 데이터베이스Decentralized Database

먼저 데이터 3.0은 어느 누구도 데이터를 조작할 수 없는 블록체인 기술을 기반으로 한다. 그래서 데이터 3.0의 첫 번째 핵심 키워드가 바로 탈중앙화 데이터베이스Decentralized Database이다. 데이터 2.0은 기업이 사용자가 만든 데이터를 중앙화된 데이터베이스에 저장하고 소유한다. 이 데이터는 그들의 자산이며 권력이다. 하지만 분산된 공공 데이터베이스는 기업이 아닌 개인 간의 파일 공유 기술인 P2PPeer to Peer 방식으로 운영되며, 네트워크에 참여하는 모든 사용자가 데이터를 블록에 담아 체인 형태로 연결한다. 데이터 생성이나 이동과 같은 모든 기록을 사용자 모두가 공유하고 검증하기 때문에 데이터 위조나 변조가 원천적으로 차단된다.

2022년 8월 23일 기준, 이더리움 노드 수가 만 개를 넘었다. 만 개가 넘는 공공의 데이터베이스가 전 세계에 분산돼 있다는 뜻이다. 또 같은 데이터가 만 개 이상의 데이터베이스에 모두 똑같이 기록·저장돼 있다는 의미이기도 하다. 이렇게 데이터 3.0은 데이터가 특정 국가에 모여 있지 않고 분산된 데이터베이스에 저장되기에 데이터 소유권 증명부터 데이터의 국가 이동과 전자 결제 시스템 등의 문제도 해결이 가능하다.

데이터 2.0의 인터넷 기반 서비스는 글로벌을 지향했지만 사실상 로컬 형식으로 특정 지역에서만 한정된다는 특징이 있다. 대표적으로 네이버와 카카오가 그렇다. 인터넷은 기본적으로 글로벌 플랫폼이지만 서비스는 로컬로 운영되는 이유를 잘 살펴보면 데이터 귀속성에 영향이 크다고 볼 수 있다. 다시 말해, 기업이 그들의 중앙화된 서버에 데이터를 귀속시키려고 하기 때문이다. 예를 들어 미국인이 네이버에 접속해 특정 상품을 구입할 때 어떤 어려움이 있을지 생각해보자. 반대로 한국인이 아마존에서 쇼핑할 때도 마찬가지다. 어느 나라에서든 상품을 구입하려면 결제를 해야 하는데 한국은 글로벌 온라인 결제 서비스인 페이팔 사용을 막았다. 이런 결제 데이터 역시 국내 기업이 독점하려는, 즉 국내 중앙 서버에만 귀속하기 위해서이다. 인터넷은 글로벌 기반인데 서비스는 로컬로 운영되는 방식은 데이터 2.0의 중앙화된 시스템이 낳은 주요 문제로 손꼽힌다.

키워드 2. 데이터의 원자성Atomicity

두 번째 데이터 3.0을 이루는 핵심 키워드는 바로 원자성原子性, Atomicity이다. 원자성이란 정보·통신의 트랜잭션이 가져야 할 성질 중 하나로, 블록체인 네트워크에서 하나만 존재하는 NFT처럼 더 이상 쪼갤 수 없는 최소 단위를 의미한다. 데이터 3.0은 사용자가 만든 데이터 혹은 돈을 지불하고 구입한 데이터를 NFTNon-Fungible Token라는 프로토콜을 통해 데이터 소유권을 명확히 증명할 수 있다. 이는 데이터의 원자성, 즉 유일하게 하나만 존재하기에 가능한 일이다. NFT는 블록체인 기술을 활용한 데이터 소유권 증명 수단으로 데이터의 소유권과 판매 이력 등의 거래 정보가 모두 블록체인에 저장돼 앞서 강조한 데이터 위·변조가 불가능하다. 반면 데이터 2.0은 기업이 중앙화된 데이터베이스에 데이터를 보관하기에 기업이 임의적으로 데이터를 위·변조할 위험이 존재한다. 더욱이 이런 중앙화된 구조에서는 사용자가 만든 데이터가 원본임을 증명하기도 어렵다. 이런 문제를 데이터 3.0에서는 대체 불가능한 원자성을 지닌 NFT로 해결할 수 있다. 계약 조건을 기록한 스마트 컨트랙트조차 블록체인에 분산·저장돼 수정이 불가능하다. 데이터 3.0의 핵심은 바로 이 데이터의 수정 가능 여부다. 데이터 2.0의 중앙화된 데이터베이스 환경에서는 기술적으로 데이터 수정이 가능하고, 데이터 3.0의 탈중앙화된 공공 데이터베이스 환경에서는 기술적으로 데이터 수정이 불가능하다.

집을 구매하면 집에 대한 등기권리증을 받는다. 여기에는 집주소부터 현재 이 집의 소유주와 그 동안의 매매 이력이 기록된다. NFT도 데이터 원본 증명을 가능하게 하는 일종의 '디지털 등기권리증'이라 불린다. 그런데 집에 대한 등기권리증은 종이에 인쇄돼 분실이나 훼손의 위험이 있고, 디지털 등기권리증인 NFT는 블록체인에 저장되기에 임의로 삭제나 수정이 불가능하며 누구나 쉽게 확인할 수 있다는 것이 차이점이다. 또 집 등기권리증은 한국에서만 인정되지만 NFT는 국가의 장벽이 없다.

키워드 3. 공개된 트랜잭션 데이터Transaction

　세 번째 데이터 3.0의 핵심 키워드는 바로 컴퓨터가 처리하는 작업 단위를 일컫는 트랜잭션Transaction이다. 데이터 2.0은 동적인 환경이라 사용자가 기업이 만든 서비스와 협업해 새로운 데이터를 발생시키기도 한다. 하지만 공개된 공공의 데이터베이스가 아니다 보니 사용자가 기여한 트랜잭션을 증명하기 어렵고 제대로 된 보상도 받을 수 없다. 현실 상황과 비교하면 A가 손가락 골절로 병원에서 비용을 지불하고 수술을 받았다고 치자. 그런데 A는 의료사고로 부작용이 발생해도 이를 속 시원하게 증명할 방법이 없다. 의사가 집도한 수술 과정, 즉 트랜잭션 데이터를 병원이 독점하고 공개하지 않기 때문이다. 이는 단지 의료 산업만의 문제는 아니다. 다양한 레거시 시스템에서 사용자 데이터를 무단으로 독점하고 이를 활용해 사업 수익을 얻는다. 이런 데이터 2.0의 불공정한 시스템은 블록체인 기술로 문제를 해결할 수 있는 데이터 3.0을 낳았고 세상은 조금씩 변화하는 중이다.

　우리가 웹사이트에 들어가 로그인해서 메일을 읽고, 관심 있는 뉴스를 검색하고 필요한 물건들을 쇼핑하는 등의 일련의 행위는 모두 트랜잭션 로그 데이터로 남는다. 사용자가 만든 글, 영상, 음악, 미술 등의 콘텐츠뿐 아니라 사용자가 웹이나 모바일상에서 발생시키는 모든 트랜잭션도 큰 가치를 지닌 고급 데이터다. 단, 이 트랜잭션 로그 데이터는 어디에 저장되느냐에 따라 가치가 달라진다. 예를 들어 네이버와 카카오에 로그인해 물건을 구매한 트랜잭션들이 특정 기업의 데이터베이스에 저장되면 그들만의 마케팅 도구가 된다. 페이스북이 사용자의 데이터를 확보해 광고 시장 영향력을 높이고 수익을 극대화한 대표 기업이다. 하지만 이 트랜잭션 로그 데이터가 블록체인상에 저장되면 누구나 데이터 확인과 활용이 가능하다. 이는 곧 기업과 개인 모두가 같은 데이터로 공정한 플레이를 할 수 있다는 의미다.

키워드 4. 데이터 속성이 지닌 확장 가능성Attribute

데이터 3.0의 마지막 핵심 키워드는 속성Attribute, 즉 데이터 속성을 활용한 확장 가능성이다. 데이터의 속성을 설명하는 메타데이터 Metadata는 '데이터의 데이터Data of Data', '데이터에 대한 데이터Data about Data'라고도 불린다. NFT의 메타데이터는 해당 NFT 구조를 설명하는 주요 정보다. NFT의 이름과 주소부터 소유권자, 이미지 또는 영상과 같은 데이터 형태 등에 대한 정보를 담고 있다. 메타데이터를 활용한 NFT는 블록체인 기반의 플랫폼을 이동하면서 메타데이터의 속성 정보에 따라 보이는 모양이 바뀔 수 있다. 예를 들어 유저가 RPGRole-Playing Game 게임에서 전사 역할을 맡아 무기 아이템으로 레벨 5의 칼 NFT를 구매했다고 하자. 이 칼 NFT를 가지고 블록체인 기반의 요리 게임으로 이동하면 칼이라는 속성을 그대로 간직한 채 식칼로 모양만 변할 수 있다. NFT의 속성 데이터의 가치는 변함이 없기에 1레벨의 칼보다 5배 높은 퍼포먼스를 내며 식칼이라는 사용 가치만 확장된다. 데이터 3.0 시대는 블록체인 서비스를 만드는 회사들이 NFT 메타데이터의 사용성을 높이는 역할을 담당할 것이다. 실제 각 산업에서 기발한 블록체인 서비스들이 앞다퉈 출시되고 있다.

지금까지 데이터 1.0과 2.0, 그리고 다가올 데이터 3.0의 시대까지 모두 알아보았다. 정리하면 데이터 1.0은 공급자가 일방적으로 데이터를 제공하는 정적인 흐름이었다면, 데이터 2.0은 사용자가 데이터 생산에 상호적으로 참여하는 동적인 환경이다. 그리고 블록체인 기술을 기반으로 한 데이터 3.0은 사용자가 만들거나 구입한 데이터의 소유권을 NFT로 증명할 수 있게 되면서 비로소 공정한 수익을 얻을 수 있는 민주적인 환경으로 발전되었다.

Chapter 3

데이터 3.0
패러다임을 몰고 온
주요 사건들

내 데이터는 지금 어디에 '아이러브스쿨의 일방적 이별 통보'

1999년 시작된 원조 동호회 커뮤니티 포털 사이트 프리챌Freechal부터 큰 인기를 얻었던 동창 찾기 커뮤니티 아이러브스쿨iloveschool, 그리고 1촌 맺기를 유행시켰던 국내 1세대 소셜네트워크서비스 싸이월드cyworld는 기업의 중앙화된 데이터베이스의 불신을 불러일으키며 블록체인을 기반으로 한 데이터 소유권의 중요성을 부각시킨 대표적인 서비스들이다. 프리챌은 부분 유료화의 잘못된 타이밍으로, 아이러브스쿨은 경영상의 문제와 UX-UI(User Experience-User Interface, 사용자 환경-사용자 인터페이스)의 개편 실패 등으로 문을 닫았다. 사용자를 최우선으로 두지 않았던 것이 가장 큰 실패의 요인이다. 이들은 유저가 아닌 회사 문제로 서비스 중단 사태를 일으켰고, 사용자는 이 책임을 누구에게 물어야 할지 난감했다. 아이러브스쿨에서 만난 반가운 동창들에게 올렸던 글들, 친구들과 웃으며 공유한 사진들은 소중한 추억이자 그 무엇과도 바꿀 수 없는 유일한 가치를 지닌 사용자의 자산이다. 그런데 이런 온라인상의 콘텐츠들이 하루아침에 물거품처럼 사라졌고 이때부터 데이터의 소유권과 지속성 문제가 대두되기 시작했다.

고래싸움에 유저 등 터진 '서든어택 유통권 갈등 사건'

더 나아가 공공 데이터베이스인 블록체인의 중요성을 부각시킨 계기는 2011년 게임 산업의 맏형인 넷마블과 넥슨의 '서든어택' 배급권 갈등 사태가 발단이 됐다. 온라인 1인칭 슈팅 게임인 서든어택을 만든 개발사 게임하이는 넷마블과 퍼블리싱 계약을 체결했다. 일반적으로 게임업계 퍼블리싱 계약은 3년 계약을 기본으로 1년씩 연장 계약을 맺는 방식이다. 그런데 넷마블과의 계약 종료 시점이 다가올 무렵인 2011년 넥슨이 게임하이를 인수하면서 넷마블로부터 서든어택 유통권을 가져왔다. 이로 인해 넷마블은 서든어택과 연장 계약이 무산됐고, 여기서 문제가 발생했다. 서든어택 유저의 계급 정보부터 게임 머니, 아이템 보유 리스트 등 모든 데이터가 넷마블 중앙 서버에 저장돼 있었다. 넷마블은 유저 데이터를 넥슨에게 반드시 넘겨야 할 의무는 없었다. 넥슨은 넷마블에게 유저 데이터를 요구했지만 넷마블은 넥슨이 달갑지 않았고 개인 정보 보호와 같은 여러 구실을 내세우며 끝내 데이터를 넘기지 않았다. 유저가 돈을 내고 구입한 게임 캐릭터와 아이템인데, 이 데이터 소유권은 두 유통사 간 분쟁의 소지가 되었고 결국 피해는 유저 몫으로 돌아갔다. 당시 넥슨은 '서든어택, 신속히 이동하라!'는 버스 광고 및 캠페인을 대대적으로 진행하며 유저가 직접 자신의 게임 데이터를 넷마블에서 넥슨으로 이동하도록 독려했다. 서든어택 유저들은 게임을 지속하기 위해서는 넷마블 사이트에 로그인해 자신의 아이디, 계급, 아이템 등 모든 게임 정보를 캡처한 뒤 넥슨 고객센터에 보내야만 했다. 넥슨 고객센터 직원들은 유저가 보내온 게임 데이터 캡처를 수작업으로 등록하며 1년간 데이터 이동 작업을 했다. IT 강국이라고 불리는 대한민국에서 실제 일어난 웃지 못할 사건이다. 이를 계기로 유저들은 물론 게임업계는 데이터 소유권에 대한 중요성을 확실히 인식하는 계기가 됐다. 다시 한번 곰곰이 생각해보자. 마트에서 물건 하나를 사도 그 소유는 온전히 내 것이 된다. 그런데 게임에서는 돈을 주고 아이템을 사도 소유권이 유저에게 넘어오지 않는다. 오히려 유통사가 바뀌는 경우에도 게임을 지속하기 위해서는 내 게임 데이터를 내가 스스로 이동하고 증명해야만 한다. 게임 유통사가 바뀌는 게 유저의 잘못일까? 유저가 피해를 입는 것이 당연한가? IT 업계 최전방에서 오랫동안 일하며 게임 산업을 열심히 이끌어왔지만 이 사건으로 인해 국내 게임 산업이 과연 희망이 있는가에 대한 회의감이 들기도 했다.

이는 내가 A 병원에서 검사를 받았지만 정작 내 검사 기록을 B 병원에 가져가지 못하는 상황이랑 비슷하다. 병원들은 환자의 검사 기록을 공유하지 않고 이 역시 피해는 오롯이 환자의 몫이다. 이런 불합리한 의료 시스템에 문제 제기를 하고 의사이자 개발자인 고우균, 이은솔 대표가 합심해 만든 서비스가 바로 메디블록이다. 의료 산업 역시 데이터 소유권에 대한 문제가 심각했고 공공 데이터베이스 기반의 블록체인 기술로 의료 데이터의 생성—관리—활용에서 발생하는 문제를 합리적으로 해결하고자 하는 움직임이 곳곳에서 활발히 일어나고 있다.

당신이 만든 데이터는 제대로 정산되고 있을까?

2022년 10월 기준, 네이버 검색창에 검색어를 입력하면 뉴스부터 이미지, 동영상, 지식iN, VIEW, 인플루언서Influencer 등 다양한 카테고리가 검색된다. 이를 자세히 살펴보면 블로거라는 개인 사용자가 직접 만든 콘텐츠가 대부분이다. 인플루언서는 많은 구독자를 보유하며 큰 영향력을 행사하는 파워블로거 또는 각 분야의 전문 블로거 콘텐츠를 모아 놓은 섹션이다. 전문 블로거가 만든 콘텐츠는 국내 내로라하는 언론 매체보다 수준이 높은 경우가 부지기수다. 그래서 뉴스보다 전문 블로거의 콘텐츠 뷰가 더 높게 나오기도 한다. 네이버가 포털 검색 엔진으로 성공할 수 있었던 가장 큰 이유가 바로 블로거라는 네이버 이용자가 만들어낸 데이터의 힘이라 할 수 있다. 이는 사용자 개인이 만든 데이터의 가치가 얼마나 강력하고 큰 잠재력을 가지고 있는지를 잘 보여주는 증거다.

그렇다면 블로거와 같은 서비스 사용자는 데이터 생산에 대한 정당한 보상을 받을까? 대답은 "아니요NO"이다. 파워블로거, 즉 인플루언서가 되어서 페이지 뷰가 증가하면 사용자는 네이버의 보상이 아닌 광고를 통해 수익을 얻는다.

"당근이세요?"라는 유행어를 낳은 당근마켓은 카카오 중고거래 게시판에서 시작돼 광고 수익으로 성장한 대표적인 사례다. 당근마켓의 김용현 대표는 카카오 재직 시절, 판교장터라는 지역 커뮤니티를 개설했다. 판교맨들의 IT 제품 직거래를 목적으로 한 커뮤니티였으나 사용자가 늘면서 중고거래 데이터들이 급속도로 쌓이기 시작했고 자연스럽게 배너 광고가 붙으면서 전국구로 지역을 넓힌 당근마켓 앱을 출시하게 됐다. 그리고 이제는 당당히 국민 앱이라는 타이틀까지 얻었다. 물론 사용자가 당근마켓에 제공한 데이터는 실물 거래가 일어나기에 현금화가 될 수 있다.

하지만 그 외 서비스들은 사용자가 만든 데이터에 대한 보상이 없다. 사용자가 데이터를 무료로 공급하는 구조 자체가 당연시되고 기업들은 이를 활용해 엄청난 수익을 얻었다. 데이터 2.0에서는 이런 불합리한 구조를 기술적으로 해결하기 힘들었다. 데이터가 시스템적으로 전부 중앙화돼 있기 때문이다. 설사 데이터를 돈 주고 구입을 하더라도 그 데이터는 소유권이 아닌 사용권만 허용되는 경우도 많다. 대표적으로 게임 산업을 들 수 있다. 앞서 살펴본 서든어택의 사례처럼 게임 유저가 돈을 내고 게임 아이템을 구입해도 그 데이터 소유권은 유저에게 없다. 만약 개발사와 유통사가 자금난에 시달리거나 글로벌 비즈니스 또는 서비스 업데이트 실패 등 회사의 사정으로 서비스가 중단되더라도 데이터 소유권이 유저에게 없기에 사용자 데이터는 보호받지 못하고 한 순간 물거품처럼 사라진다. 게임 아이템은 게임 시스템에서 만들어진 데이터이기는 하나 유저가 돈을 내고 혹은 플레이를 통해 트랜잭션을 발생시킨 유저의 데이터다. 이를 잘 모르는 유저들이 많은데 데이터 1.0에서 2.0으로 이동하면서 데이터 소유권에 대한 인식과 중요성을 미처 깨닫지 못한 결과다.

Chapter 4

데이터 소유권,
NFT에서 답을 찾다!

기존 게임 레거시 시스템은 강력한 중앙화 구조였기에 정작 보호받아야 할 사용자의 데이터 주권은 간과되었다. 게임 유저가 자신이 구입한 유료 아이템의 권리와 소유권을 보장받기 위해서는 블록체인 기술로 개발된 대체 불가능한 토큰, NFT를 적용해야 한다. P2P 네트워크 방식으로 운영되는 공공 데이터베이스, 즉 블록체인에 게임 아이템의 NFT를 저장하면 앞서 말한 개발사의 유통권이 바뀌어도 사용자는 데이터 소유권 분쟁에 힘을 쏟을 필요가 없다. 다시 말해, 서든어택에서 구입한 게임 아이템 NFT를 넷마블이 관리하는 중앙 데이터베이스 대신 블록체인에 저장하면 '이동하라'는 대규모 마케팅 없이도 사용자의 컴퓨터에서 바로 게임을 실행할 수 있다.

블록체인에 저장된 NFT는 하나의 플랫폼에 한정되지 않고 게임부터 메타버스 등 여러 플랫폼을 자유롭게 오가며 다양한 서비스를 이용할 수 있다. 이것이 바로 NFT가 실현시킬 멀티호밍Multihoming 서비스이다. 멀티호밍의 사전적 의미처럼 이렇게 NFT기술로 게임 아이템의 소유권을 사용자에게 부여하면 어느 플랫폼에서든 나의 게임 이력과 자산 등을 손쉽게 확인할 수 있다. 사용자가 구매한 게임의 디지털 자산 또한 어느 곳에서나 사용이 가능하다.

그럼, 게임 아이템 소유권이 유저에게 돌아간다면 게임 개발사들은 손해를 볼까?

대답은 "아니요NO"이다. 먼저 국내 게임 유통의 수익분배 구조에 대해 알아보자. 현재 국내 많은 게임 개발사들은 실제 큰 수익을 내지 못하고 있다. 매출은 나더라도 영업이익률은 반도 되지 않는다. A 게임사가 100만 원의 매출을 얻었다고 하자. 여기서 약 30%는 애플이나 구글 등의 오픈마켓 플랫폼이 수수료를 뗀다. 그리고 나머지 70%를 개발사와 유통사가 각각 약 4:6 비율로 수익 배분한다. 결국, 개발사의 온전한 수익은 총 매출의 약 28%이다. 더욱이 유명 IP와 계약된 경우, IP 사업자에게 5~15% 로열티를 지급하면 게임 개발사는 약 13%, 100만 원이면 약 13만 원이 회사 수익으로 남는다. 이게 끝이 아니다. 회사 운영비나 직원들 급여 등을 제외하면 수지타산이 맞지 않는 사업이다. 이런 구조이기에 개발사들이 아무리 열심히 일을 한다 해도 망하기 쉽다. 날고 긴다는 실력자들이 모인 크리에이티브한 중소 개발사가 미드코어, 하드코어와 같은 대작 개발에 엄두를 못 내고 캐주얼 게임만 출시할 수밖에 없는 것도 바로 이 수익분배 구조 때문이다. 필자는 이를 해결할 수 있는 기술이 바로 NFT라고 생각한다. NFT 기술을 적용한 게임을 만들면, 개발사들은 유통 수수료 부과 없이도 글로벌 서비스가 가능하다. 또 NFT가 거래될 때마다 추가 수수료 수익을 얻을 수 있다. 중장기적인 관점에서 보면 수익이 계속 쌓이는 선순환 구조다. 개발사가 자사의 NFT 게임 아이템을 거래 수수료 5%를 받는다고 예를 들어보자. NFT 게임 아이템은 게임에 사용되면 수요와 공급 원리에 따라 희소성이 높아질 수 있고 퍼포먼스가 향상되면 1만 원짜리가 5만 원, 10만 원으로 가치가 상승된다. 이 NFT가 1만 원에 거래될 때는 수수료가 500원이지만 10만 원일 때는 5,000원의 수수료가 발생한다. 이 수수료는 유저 간 NFT 거래마다 계속 부과되며 개발사의 주요 수익이 된다. 그래서 ROI가 좋을 수밖에 없다. NFT C2C 거래소 오픈씨가 이런 방식으로 2.5%의 수수료를 받고 있으며 NFT 거래에 따른 기업의 성장 가능성을 보여주고 있다.

Chapter 5

데이터 3.0 혁신을 증명한
최초의 NFT 프로젝트

데이터 소유권 확보와 상호운용성을 검증한
플레이댑 크립토도저&도저버드

블록체인 기술 기업 수퍼트리가 개발한 플레이댑PlayDapp에 대한 이야기를 시작해 본다. 플레이댑은 이더리움 기반의 NFT 게임을 서비스하는 댑Dapp 플랫폼이며 유저 간 NFT 거래를 지원하는 마켓플레이스를 함께 운영하고 있다.

플레이댑의 댑(Dapp, 또는 디앱)이란 Decentralized Application의

약자로, 탈중앙화된 애플리케이션을 뜻한다. 기존 애플리케이션과의 차이점은 블록체인 기반이기에 중앙화된 서버가 없으며 노드Node라 불리는 분산형 네트워크에 데이터를 저장해 구동한다는 점이다. 플레이댑은 일반 게임을 NFT 기술이 적용된 게임으로 변환시킬 수 있는 소프트웨어 개발 키트(SDKSoftware Development Kit)도 제공한다. NFT 게임은 플랫폼 내 게임 간의 상호운용성을 통해 사용성과 게임성이 확장된다. 유저는 NFT를 통해 그동안 갖지 못했던 아이템 소유권을 보장받고 게임들을 마음껏 넘나들며 자신의 NFT 가치를 높일 수 있다. 또 NFT 마켓플레이스에서 유저 간에 자유로운 거래도 가능하다.

상호운용성 게임 아이템의 이동 구조

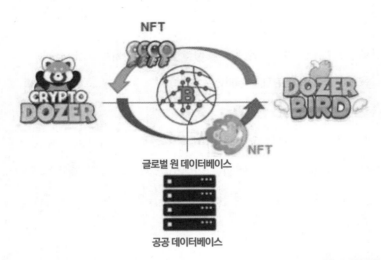

출처: 플레이댑 논문 중

수퍼트리는 이런 NFT 게임의 상호운용성과 디지털 자산의 소유권 증명을 우선적으로 검증하기 위해 자체 개발한 블록체인 기반의 NFT 게임인 크립토도저CryptoDozer와 도저버드DozerBird를 플레이댑에 순차적으로 론칭했다. 2019년 3월 선보인 크립토도저는 동전 푸쉬 게임을 모티브로 한 캐주얼 NFT 게임이다. 이더리움 기반의 NFT 댑 순위에서 2017년부터 1위 자리를 굳건히 지킨 '크립토키티'를 단숨에 꺾고 다운로드와 매출 모두 1위를 기록했다. 이어 출시한 도저버드 역시 1위 반열에 오르며 두 게임이 1위와 2위를 나란히 차지하는 놀라운 성과를 얻었다.

크립토도저와 도저버드는 NFT 게임임과 동시에 그간 산업이 풀지 못한 아이템 소유권 증명과 상호운용성 문제를 검증하기 위한 실험적인 프로젝트다. 결과는 예상대로 성공적이었다. 여기서 얻은 경험과 노하우를 우리만의 전략으로 고집할 수 없었고 2021년 4월, 국내 블록체인 기술과 게임 산업 발전을 위해 '플레이댑' 실제 사례를 중심으로 작성한 연구 논문 〈대체 불가능 토큰NFT 기반 블록체인 게임의 비즈니스모델 혁신요소 연구〉를 발표했다. 논문에는 플레이댑 마켓플레이스 구동의 메커니즘부터 성과 데이터 등의 내용을 심층적으로 담았고 블록체인 기반의 NFT 게임 분야에서 국내 1호 논문으로 높은 평가를 받았다. 한국학술지인용색인(KCI)에 등재됐으며 한국게임학회 정기논문지에도 실렸다. 해외에서도 실제 사례를 바탕으로 한 NFT 게임 관련 논문은 찾기 힘들다. 국내는 더더욱 생소한 분야였기에 논문 발표 당시 기술과 게임 산업에서 많은 주목을 받았다.

크립토도저, 도저버드 Dapp 랭킹 추이

출처: 스테이트 오브 더 댑스(State of the Dapps)

출처: 이더스캔(Etherscan)

출처: 댑레이더(DappRadar)
스테이트 오브 더 댑스(State of the Dapps)

NFT는 특정 개발사나 유통사의 중앙화된 서버가 아닌 블록체인 공공 데이터베이스에 분산 저장돼 유저 간의 거래가 자유롭다. 게임 아이템에 NFT 프로토콜 적용을 통해 유저들은 아이템의 진정한 소유권을 획득하고 단일 게임이나 지역에 국한되지 않는 아이템 거래도 가능하다. 플레이댑의 첫 번째 NFT 게임 크립토도저에서 획득한 NFT 인형은 두 번째 게임 도저버드에서 특정 스킬을 가진 캐릭터로 사용할 수 있다. 도저버드를 플레이하며 얻은 키 조각들을 합성하면 다시 첫 번째 게임 크립토도저에서 상자를 열 수 있는 열쇠로 사용되는 등 두 게임 간 아이템의 상호운용 연계를 긴밀하게 구성했고 두 NFT 게임은 산업의 가장 큰 숙제이자 난제인 아이템 소유권 증명과 게임 간의 상호운용성 문제를 세계 1위라는 성과로 증명했다.

Chapter 6

데이터 3.0으로
이동이 시작됐다!

로블록스 나스닥 상장이 시사하는 사용자 데이터 주권의 시작!

미국 초등학생 절반 이상이 사용한다는 메타버스 게이밍 플랫폼 로블록스Roblox가 2021년 3월, 나스닥에 상장되면서 전 세계에 거센 메타버스 열풍을 몰고 왔다.

2004년 설립된 로블록스는 유저가 가상 공간에서 직접 제작한 게임이나 아이템 거래 시 로벅스Robux라는 기축 통화를 사용한다. 로벅스는 가상 세계에서 거래 가능한 버추얼커런시Virtual currency(가상화폐)다. 로벅스가 쌓이면 달러로 현금화도 가능하다. 기존 가상화폐는 특정 기업이나 플랫폼 내에 한정되고 화폐로 인정되지 않아 현금화를 할 수 없었다.

이런 상황에서 로블록스가 메타버스의 붐을 일으키며 나스닥에 상장되는 놀라운 일이 벌어졌다. 미국 증권거래위원회(SEC)는 로블록스 상장 심사 때 이 로벅스의 달러 현금화 문제를 가장 중요한 화두로 삼았다. SEC는 가상화폐의 달러 현금화보다 가상 세계에서 유저가 직접 생산한 콘텐츠, 즉 2차 데이터에 대한 C2C 거래라는 점에 무게를 뒀고 로블록스의 최종 상장 심사가 통과됐다. 로블록스 상장 심사 보고서에는 로벅스가 명확히 버추얼커런시Virtualcurrency로 기재돼 있다.

이 버추얼커런시 역시 메타버스라는 가상 세계의 경제 가치를 이루는 정당한 화폐라는 점을 합법적으로 처음 인정받은 셈이다. 이로 인해 너도나도 메타버스 산업에 뛰어들면서 전 세계에 메타버스 유행이 불었다.

이제 실제 가상 세계에서 사용자가 직접 생산한 데이터를 가상화폐로 거래하고 이를 실제 현금화할 수 있는 세상이 왔다. 이는 사용자가 만든 데이터 주권이 사용자로 이동했다는 것을 시사한다. 이렇게 세상은 데이터 3.0으로 이동하고 있다.

'암호화폐·암호자산, 가상화폐·가상자산…' 모두 같은 뜻일까?

최근 한국 정부 역시 미래 먹거리는 블록체인이라는 세계 추세에 부응하려는 작은 몸짓을 펼치고 있지만, 유독 시장을 바라보는 시각은 여느 나라와 다르다. 국내는 블록체인 기술 관련 업계와 기관, 정부, 언론 등 각 분야에서 가상자산, 암호자산, 암호화폐, 디지털화폐 등이 혼용되고 있다. 하지만 우리가 데이터 3.0을 이끌 블록체인 산업을 제대로 이해하려면 먼저 용어 개념부터 정확히 짚고 넘어가야 한다. 용어가 혼용되면 뜻이 왜곡되고 이런 작은 불씨가 정책 혼선이라는 큰 문제를 야기시키기 때문이다. 한국은 2021년 3월 25일, 특정금융정보법 제2조에 따라 화폐 대신 가상자산(버추얼에셋Virtualasset)이라 명명하고, 이를 경제적 가치를 지닌 것으로서 전자적으로 거래 또는 이전될 수 있는 전자적 증표라 정의했다. 하지만 책에서는 정확한 개념 이해를 돕기 위해 영어로 설명하려 한다.

블록체인 산업에 제일 가까이 있는 미국부터 알아보자. 미국은 디지털커런시Digitalcurrency, 버추얼커런시Virtualcurrency, 크립토커런시Cryptocurrency가 정확히 구분돼 쓰인다. 한국어로 직역하면 각각 디지털커런시는 전자(디지털)화폐로, 티머니나 전자상품권 등 가장 폭넓은 개념을 포괄한 화폐를 말한다. 버추얼커런시나 크립토커런시도 디지털커런시에 포함된다. 버추얼커런시는 말 그대로 가상의 화폐를 뜻한다. 메타버스와 같은 가상의 공간에서 통용되는 화폐이다. 마지막 크립토커런시는 블록체인 기술로 개발된 암호화된 화폐, 즉 비트코인, 이더리움 등과 같은 암호화폐를 의미한다.

국내에서는 기획재정부와 같은 국가 중앙 행정기관에서 발행하지 않은 암호화폐를 화폐라 인정하지 않기에 이 모든 화폐의 종류를 가상자산(버추얼에셋Virtualasset)이라 뭉뚱그렸다. 미국 달러는 전 세계 기축 통화이기 때문에 화폐의 주도권보다는 유틸리티Utility, 즉 사용성 관점에서 바라보고 세세하게 구분했다. 정부에서 블록체인 기술을 바탕으로 개발된 암호화된 화폐를 화폐로 인정하지 않는다고 할지라도 가상자산보다는 암호자산, 크립토에셋Cryptoasset이 더 정확한 표현이라고 생각한다.

정부가 통일한 가상자산이라는 용어는 범위가 매우 넓고 여기서 많은 문제들이 발생한다. 특정금융정보법은 가상자산사업자(VASPVirtual Asset Service Provider)를 가상자산의 매도-매수, 교환, 이전, 보관-관리, 중개-알선 등의 영업을 하는 자로 지정했다. 여기 가상자산에는 대체 불가능한 토큰 NFTNon-Fungible Token가 포함되지 않는다. 업비트나 빗썸에 상장되는 대체 가능한 토큰, FTFungible Token만 들어간다. 최근 들어 NFT를 가상자산으로 포함시키려는 움직임이 있다. 정확히 NFT는 1 : 1 가치로 거래가 가능한 자산의 개념이 아니다. 토큰이라는 단어가 붙어 자산이라 오해할 수 있지만 대체 불가능한 프로토콜, 시스템이다. 정확히 FT는 가상자산이고, NFT는 가상자산이 아니다. 각기 다른 차이를 지닌 새로운 개념들을 가상자산이라고 뭉뚱그리다 보니 이렇게 정책에 혼선이 생긴다.

국내는 1999년 상품권법이 폐지됐다. 허가제가 아닌 신고제로 바뀌면서 인지세만 내면 누구나 상품권을 발행할 수 있다. 크립토커런시를 디지털 상품권이라 정의한다면 발행에 대한 인지세만 지불하면 되니 현행법상 문제가 없다고 본다.

국내에서는 2017년 9월 시행된 특정금융정보법에 따라 크립토커런시를 발행하는 ICOInitial coin offering(백서 공개 후 신규 암호화폐를 발행해 투자자들로부터 사업 자금을 모집하는 방식)가 금지된 상황이다. 블록체인 기술 기업들은 대부분 크립토커런시를 발행하는데, 규제 때문에 어쩔 수 없이 싱가포르나 몰타 등에 거점을 마련해 해외에서 코인을 발행하는 것이다. 국내 자본은 물론 우수한 기업과 인재들이 해외로 내쫓기는 상태다. 블록체인 기술의 핵심은 토큰 이코노미Token economy이다. ICO가 허용되지 않는다면 PC온라인, 모바일, 그리고 바통을 이어받을 웹 3.0이라는 미래 산업 성장은 기대할 수 없다. 싱가포르는 ICO가 허용되지만 자국민에게는 코인을 팔지 못한다. 무조건 ICO 금지를 앞세우기보다 이러한 방식으로 한국 실정에 맞는 벤치마킹이 필요하다. 투자자 보호를 위해 ICO를 반대한다고 하지만 이는 블록체인 기술에 대한 이해 부족에서 비롯된 탓이다. 점진적인 변화로 ICO는 허용하되 자국민 투자를 제한하거나 해외 투자 유치만 허용하는 방식 등을 적용하면 성공적인 사례가 나올 수 있을 것이다. 한국에 회사가 있으니 국내 개발자를 뽑을 것이고 결국 고용창출 효과도 불러오게 된다. 블록체인으로 향해 가는 길은 이미 정해진 미래다. 그 길을 가로막는 각종 규제들이 조화로운 혁신을 통해 빠르게 개선되어야 할 것이다.

메타버스, NFT로 뭉치면 살고 흩어지면 망한다!

로블록스의 나스닥 상장 이후 너도나도 메타버스를 개발해 버추얼 커런시를 발행하는 붐이 일었다. 버추얼커런시의 현금화로 수익을 낼 수 있는 본보기가 됐고 메타버스 시장이 빠르게 성장했다. 하지만 여기서 풀어야 될 숙제가 또 하나 있다. 바로 메타버스 플랫폼 간의 상호운용성 문제다. 메타버스가 지금의 게임처럼 각기 다른 플랫폼으로 운영되면 결국 독과점 현상이 빚어진다. 본질적인 문제 해결 없이 단지 로블록스 상장으로 버추얼커런시라는 플랫폼별 기축 통화만 생긴 꼴이 된다. 이를 풀 수 있는 열쇠가 바로 대체 불가능한 토큰, NFT다. 메타버스에 NFT를 적용하면 모든 기록이 공공 데이터베이스인 블록체인에 저장되며 이를 기반으로 다양한 메타버스 플랫폼을 자유롭게 이동하는 멀티호밍Multihoming도 가능하다. 하나의 메타버스 플랫폼에 묶이지 않고 로블록스와 마인크래프트는 물론 새로운 메타버스상으로도 이동하며 여러 서비스를 다양하게 즐길 수 있다.

그렇다면 메타버스 플랫폼 입장에서는 유저가 여러 메타버스를 오가며 NFT를 이용하는 멀티호밍 환경이 반가울까? 정답은 "예Yes"이다. 메타버스 플랫폼이 이 멀티호밍 시스템을 반대할 이유가 없다. 왜냐하면 NFT를 5만 원, 10만 원에 산 유저들은 이미 돈을 지불한 유료 사용자(PUpaying user)다. 첫 시작부터 이런 유료 사용자들을 모으려면 어마어마한 마케팅 비용을 부담해야 한다. 타깃 마케팅의 경우를 예로 들어보자. 보통 유저 100명을 모객하면 이 중 10%인 10명이 주기적으로 접속하고 단 1.5%, 1.5명만이 결제를 한다. 이 1.5명이 바로 NFT 홀더다. 이미 유료결제를 한 유저를 그들의 메타버스로 끌어오는 것과 다름이 없다. 메타버스 플랫폼은 NFT 홀더들이 재미있게 즐길 수 있는 콘텐츠 개발에 집중하면 된다. 유저는 NFT 사용성을 늘리며 메타버스를 즐길 수 있고 메타버스 플랫폼은 타깃 마케팅 광고 비용을 효율적으로 절감할 수 있으니 모두에게 유리한 원윈Win-Win 효과가 발생한다. 이것 역시 혁신이다. 메타버스의 NFT 상호운용성은 유료 사용자를 자연스럽게 이끄는 핵심 역할을 톡톡히 할 것이다.

그러면 창의력이 뛰어난 중소 개발사들도 국내외 비즈니스를 하는 데 엄청난 마케팅 비용부터 줄어든다. 그 비용으로 소프트웨어 개발에만 집중할 수 있는 환경을 마련하면 메타버스 시장도 빠르게 성장한다. 거듭 강조하지만, NFT 상호운용성을 통한 메타버스 멀티호밍은 그들이 필요로 하는 유저 마케팅을 용이하게 만들며 대기업의 독과점 역시 자연스럽게 무너지면서 메타버스 시장에 건강한 활력이 더해질 것이다. 결국 NFT는 메타버스 콘텐츠를 개발하는 생산자와 생산적 소비자를 일컫는 프로슈머Prosumer를 직접 만나게 하는 기반 기술인 셈이다.

블록체인에 기록된 데이터는 누구든 수정 불가능!

어떤 선택을 되돌릴 수 없을 때 '낙장불입落張不入'이란 말을 쓴다. 이미 내려놓은 패를 물리기 위해 다시 집어드는 일은 용납되지 않는다는 뜻이다. 이 원칙은 블록체인상에서도 똑같이 적용된다. 블록체인은 스마트 컨트랙트라는 일종의 계약 프로그램이 있으며, 계약 조건이 스마트 컨트랙트에 기록돼 블록체인에 배포되면 이후 수정이 불가능하다. 한 번 배포하면 작은 수수료 비율조차도 수정할 수 없고 배포할 때도 공정하게 트랜잭션 비용을 낸다. 반면, 기존 중앙화된 서버는 SQLStructured query language(데이터베이스에 접근할 수 있는 데이터베이스 하부 언어)이라는 코딩 언어를 사용하는데, 이는 임의로 수정이 가능하다. 얼마든지 수정이 가능한 구조이기 때문에 오픈마켓과 같은 플랫폼이 수수료를 2.5%로 정했다가 유저가 늘면 초심은 사라지고 3%로 야금야금 수수료를 올리는 불합리한 횡포가 일어나는 것이다. 이는 엄연히 유저에게 부당한 계약 위반이다. 이제 스마트 컨트랙트를 통해 블록이란 장부에 계약 사항을 꼼꼼하게 저장한 뒤 체인으로 꽁꽁 묶으면 이런 부당함에 휘둘릴 필요가 없다. 그것이 바로 블록체인이 불러온 합리적인 기술이자 혁신이다.

걸으면 돈 버는 스테픈이 명백히 게임인 이유

NFT 게임은 한국에서 전면 금지 상태다. 한국 문화 콘텐츠의 해외 진출은 K-컬처를 전 세계에 유행시킬 만큼 높은 성과를 얻은 대표 사업이다. 문화 콘텐츠가 깃든 NFT 게임 비즈니스 역시 이를 잘 해낼 수 있는 역량을 갖춘 인재들이 많다. 자본력은 물론 우수한 핵심 개발진과 유통 경험이 풍부한 블록체인 기술 관련 게임 회사들이 해외 시장에 나가 발군의 실력을 발휘할 수 있도록 적극적인 지원이 필요하다. 미국 NFT 게임 개발사는 물론 일본 유명 IP 회사들도 거꾸로 인수하며 판도를 뒤집을 수 있는 잠재력이 큰 시장이다. 한국은 분명히 글로벌 블록체인 산업을 이끄는 거점 국가가 될 수 있고 지금이 바로 골든타임이다. K-팝, K-푸드, K-드라마 등의 한류 시장은 급속도로 성장했지만 유독 K-게임만은 각종 규제에 휩싸여 기지개를 펴지 못하고 있다.

2022년 1월, NFT 운동화를 구매한 뒤 걸으면 코인 보상을 받는 M2EMove to Earn의 대표주자, 호주의 스테픈STEPN 서비스가 한국에 정식 서비스됐다. 사행성을 조장하는 NFT 게임은 불법이나 게임물관리위원회는 스테픈이 건강 기능 향상에 중점을 두었기에 게임이 아니라는 입장을 밝혔다. 이에 대한 의견은 각각 다를 수 있다. 국내 게임 업계에서 20년간 몸담은 전문가 관점에서 보면 스테픈은 NFT 게임의 요소를 모두 갖췄다고 말할 수 있다.

필자가 정리한 게임이 되기 위한 5가지 요소가 있다. 이른바 '게임 조건의 5C 요소 법칙'이다. 먼저 경쟁Competition, 게임은 승부를 내기 위해 경쟁을 한다. 그리고 협업Cooperation, 팀을 이뤄 목적을 달성하기 위해 협력한다. 수집Collection, 레벨업을 위해 아이템을 수집하고, 육성Cultivation, 캐릭터나 아이템을 육성(농작)하며, 콜라보Collaboration, 인기 게임이 되기 위해서는 만화나 웹툰 등을 보유한 IP 회사와 콜라보 작업도 해야 한다. 이것이 바로 게임성을 좌우하는 5가지 요소다. 스테픈은 사용자가 NFT 신발을 사서 앱을 켜고 열심히 걸어 다니면 그에 따라

GST<small>Green Satoshi Token</small>(그린 사토시 토큰)라는 암호화폐(크립토커런시)를 받고 이를 가상자산 거래소에서 현금 교환도 가능하다. 사용자들은 더 많은 코인을 얻기 위해 경쟁한다. 커뮤니티 내 그룹을 지어 협력하는 미션도 참여한다. 이 뿐만이 아니다. NFT 운동화를 수집하고 신발의 내구성이 떨어지면 수리비를 지불해 NFT 운동화의 퍼포먼스를 향상시킨다. IP 회사와의 협업은 제외하더라도 이는 게임의 5가지 요소 중 경쟁, 협업, 수집, 육성 4가지를 충족한 명백한 게임이다. 겉으로 보기에는 단순히 신발 NFT를 구입해 열심히 건강을 챙기는 서비스로 보이지만 자세히 들여다보면 게임성을 갖춘 엄연한 NFT 게임이라 할 수 있다. 그런데 왜 게임을 열심히 플레이해서 수익을 얻는 것은 안 되는 것일까? 그 판단은 독자의 몫으로 남기겠다.

블록체인과 데이터 3.0

PART 2

데이터 3.0 시대를 이끈 블록체인

Chapter 1

블록체인과
북한산 카드놀이의
공통점

데이터 3.0 시대를 이해하기 위해서는 그 근간이 되는 블록체인 기술부터 먼저 제대로 알아야 한다. 우선 학문적인 개념 말고 일상의 한 상황과 비교해보자. 어느 날, 5명이 함께 북한산에 등산을 갔다. 정상에 도착하자 A가 카드놀이를 제안했다. 5명은 북한산 정상에 둘러 앉아 카드놀이를 시작했다. 마침 모두 현금이 없었다. 정산은 나중에 하기로 하고 한 사람씩 공공 장부 역할을 하는 메모지를 나눠 받고 각 게임의 점수를 똑같이 기록하기로 합의했다. 5판의 카드놀이가 끝나고 메모지를 모두 비교하니 4명이 모두 6점이라 기재했는데, 단 한 명만 7

점이라고 다르게 적었다. 그럼 어떻게 될까? 카드놀이 참여자 5명은 각각의 점수를 정상적으로 기록하는지를 확인하는 감시자다. 모두 한 장소에서 같은 게임 기록을 검증하며 적기에 한 사람이 모두를 속이기 위해 임의로 점수를 다르게 기록하는 꼼수는 이 놀이에서는 불가능하다.

이것이 바로 블록체인 네트워크의 운영 방식이다. 기존 데이터 2.0 시대의 중앙화된 데이터베이스 방식은 SQLStructured Query Language이라는 프로그램 언어를 사용해 임의적으로 데이터를 추가·수정·삭제할

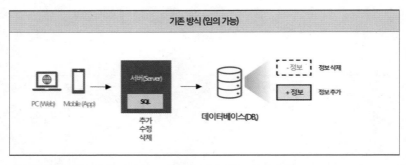

서버 명령에 따라 데이터베이스에 있는 데이터를 임의적으로 추가, 수정, 삭제 **가능**
* SQL은 중앙화된 서버에 저장되어 임의로 수정 **가능**

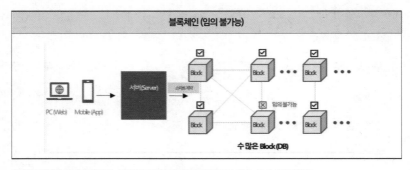

수많은 블록에 참여자 합의가 필요하므로 데이터를 임의적으로 추가, 수정, 삭제 **불가능**
* 스마트 컨트랙트도 블록체인 상에 저장되어 배포된 후 수정 **불가능**

수 있었다. 공공 분산 데이터베이스인 블록체인은 거래가 일어나면 블록에 거래 데이터를 담아 블록체인 네트워크 참여자(노드Node)에게 동시에 전송한다. 모든 노드의 데이터 검증이 완료되면 블록을 사슬(체인) 형태로 연결해 각각의 노드에 분산·저장한다. 그래서 '공공 거래 장부'라고도 부른다. 블록을 연결하기 위해서는 모든 블록체인 네트워크 참여자가 거래 기록을 검증하는 합의가 필요하므로 잘못된 기록은 블록에 저장될 수 없다. 지켜보는 눈이 많아 수정도 불가능하다. 계약 조건이 충족되면 자동으로 계약이 실행되는 프로그램인 스마트 컨트랙트Smart Contract조차도 블록체인에 한 번 저장·배포되면 수정이 불가능하다.

다시 돌아가 만약 카드놀이를 제안한 A가 자신의 개인 장부에만 게임 기록을 저장한다면 A가 기록을 제대로 작성했는지, 수정했는지 의심은 들지만 이를 검증할 권한과 방법이 없다. A가 기록 데이터를 독점하기에 그만큼 권력도 높다. 카드놀이 승자가 자신이라고 우기면 모두 A의 말을 따를 수밖에 없다. 이것이 바로 중앙화된 데이터베이스 방식의 데이터 2.0시대고, 이런 데이터의 중앙집권 및 위·변조를 막기 위해 생겨난 기술이 바로 블록체인이다. 블록체인에서는 공공의 분산된 네트워크를 구성하는 참여자 모두가 기록을 검증하며, 거래가 발생할 때마다 모든 참여자가 동일한 데이터를 대조하고 저장해 데이터 위·변조를 원천 차단한다. 누구나 장부 기록도 공정하고 투명하게 확인할 수 있다.

Chapter 2

메인넷과
블록체인 구조
이해하기

블록체인이 데이터 3.0의 핵심 기술인 이유

블록체인 기술은 2009년 비트코인 백서를 통해 세상에 알려졌다. 익명의 암호학자 사토시 나카모토Satoshi Nakamoto가 2007년 글로벌 금융위기 사태로 중앙화된 금융구조의 위험을 인지하고 중개자 없이 P2P 방식으로 개인 간의 거래가 가능한 블록체인 기술을 고안했고, 이 기술로 개발한 크립토커런시Cryptocurrency(암호화폐)가 바로 비트코인이다. 탈중앙화된 P2P 방식으로 운영되는 비트코인은 블록체인 네트워크 참여자 모두가 거래 기록을 감시·입증하며 동일한 데이터를 각 노드에 분산·저장한다. 여기서 중요한 것은 이런 분산 네트워크는 블록체인으로 새롭게 개발된 기술이 아니라는 점이다. 이미 오래 전 관련 분야에서 연구가 계속해서 이뤄지고 그 연구들이 쌓인 고도화된 컴퓨팅 기술이다. 비트코인을 창시한 사토시 나카모토가 2009년 논문 〈비트코인: P2P 전자화폐 시스템Bitcoin: A Peer-to-Peer Electronic Cash System〉을 통해 화폐라는 금융 분야부터 블록체인이 응용될 수 있도록 제안한 것이다.

이런 블록체인이 데이터 3.0 시대를 이끄는 핵심 기술인 이유가 있다. 바로 금융뿐 아니라 모든 분야의 데이터를 거래하고 저장할 수 있어 활용 범위가 무궁무진하기 때문이다. 국가 간의 전자 결제부터 신원 인증, 미술품이나 게임, 음악과 같은 디지털 인증, 그리고 부동산 및 병원 등의 기록 관리처럼 신뢰와 검증이 필요한 모든 분야에 폭넓게 활용될 무한한 잠재력을 지닌다. 무엇보다 그 기저에 깔린 탈중앙화라는 철학적 가치는 데이터 2.0 시대가 몰고 온 사회 불평등과 신뢰 문제를 기술로 해결할 근간을 이룬다는 점을 잘 기억해야 한다.

그럼 이제 본격적으로 탈중앙화 플랫폼의 출발이라 할 수 있는 블록체인 메인넷 개념과 등장 배경, 대표적인 블록체인 메인넷 종류와 운영 방식 등에 대해 알아보자. 좀 더 현명하게 데이터 3.0 시대를 살아가기 위해서는 그 시작을 이끈 블록체인에 대한 정확한 이해가 필요하다.

메인넷이란

　메인넷Mainnet은 블록체인 기술 기반의 플랫폼이 실제 사용자들에게 배포·운영되는 네트워크를 말한다. 기존 플랫폼에 종속되지 않고 독립적인 생태계를 구성하는 플랫폼을 통칭한다. 일반적으로 블록체인 플랫폼은 레이어Layer 1과 2로 나뉜다. 이 레이어 1과 2를 잘 알아야 코인과 토큰의 차이는 물론 제대로 된 블록체인 플랫폼을 구별하는 안목을 기를 수 있다.

　블록체인 레이어 1은 이더리움Ethereum, 솔라나Solana, 이오스EOS, 클레이튼Klaytn, 퀀텀Qtum, 폴카닷Polkadot, 아발란체Avalanche, 리플Ripple, 니어NEAR 등이 대표적이다. 앞서 말한 메인넷을 보유한 블록체인 플랫폼이 레이어 1이며, 여기서 발행하는 크립토커런시가 코인Coin이다. 레이어 1 위에 만들어진 레이어 2는 폴리곤Polygon, 비체인Vechain, 오미세고

Omisego, 루프링Loopring, 세럼SERUM, 아르고Aergo 등이 있으며, 이를 토큰 Token이라고 한다. 폴리곤을 코인이라고 알고 있는 경우가 많은데, 폴리곤은 이더리움 사이드 체인에서 만들어진 토큰이다. 정리하면, 자체 메인넷을 갖춘 블록체인 플랫폼에서 크립토커런시를 만들면 코인, 기존 블록체인 플랫폼에서 파생해 만들면 토큰이다. 플레이댑의 플라PLA도 이더리움 메인넷에서 만든 토큰이며, 대체 불가능한 토큰 NFTNon-fungible token도 이더리움 메인넷에서 만들어 맨 뒤 단어에 토큰이 붙은 것이다. 단, NFT는 가치 교환이 가능한 크립토커런시가 아니라 게임이나 미술품 등 대체 불가능한 희소성을 가진 디지털 자산에 소유권을 증명하는 수단이자 프로토콜이다.

여기서 잠깐!

플라PLA 토큰을 이체할 때 이더리움으로 수수료를 낼까? 플라로 수수료를 낼까?

플레이댑의 플라 토큰은 이더리움 메인넷을 통해 발행됐다. 이더리움 메인넷의 키 코인Key coin(블록체인 기축통화)이 바로 이더리움이기 때문에 수수료를 이더리움으로 내야 한다. 만약 한 블록체인 기반 서비스가 발행한 토큰이 블록체인상의 기축통화라고 강조한다면 이는 잘못된 정보임을 알아차려야 한다. 토큰은 기본적으로 다른 메인넷 위에서 만들어지기에 기축통화가 될 수 없다.

블록체인 기술 기반의 기업이나 뉴스 등에서는 이 코인과 토큰을 구별하지 않고, 또는 토큰을 코인으로 위장하는 마케팅 등으로 블록체인 프로젝트를 홍보하는 경우가 종종 있다. 블록체인 생태계를 모르면 그냥 믿을 수밖에 없는 것이다. 때문에 블록체인 플랫폼에 대한 올바른 분별 능력을 키우기 위해서는 먼저 블록체인 레이어 1과 2, 그리고 여기서 발행되는 코인과 토큰의 차이를 정확히 알아야 한다.

블록체인 레이어 1과 2의 구조 이해하기

블록체인 레이어와 PC 운영체제의 비교를 통해 알아보자. PC를 사용하기 위해서는 OS_Operating System_라 불리는 운영체제 프로그램이 필요하다. OS는 대표적으로 윈도우와 맥부터 리눅스, 유닉스, 솔라리스 등 종류가 다양하다. 하지만 문제는 애플리케이션과 같은 응용 프로그램을 개발할 때 윈도우용, 맥용, 리눅스용 등 OS별로 각기 다른 버전을 모두 만들어야 한다는 불편함이다. 이는 시간과 노력이 많이 드는 작업이다. 그래서 개발자들은 어떠한 운영체제에서도 플랫폼의 영향을 받지 않는 자바 버추얼 머신(JVM_Java Virtual Machine_)이라는 컴퓨터 언어로 애플리케이션을 만들어 배포한다. 어떠한 OS든 다 올릴 수 있기 때문이다. 블록체인상에서 레이어 1은 운영체제, 그리고 레이어 2는 바로 이러한 자바 버추얼 머신 역할을 한다.

2년 전 블록체인 레이어 2를 모두 검토하여 그 중 될 성 부른 떡잎을 발견했다. 바로 폴리곤이다. 이더리움은 속도와 가스피 문제가 있었다. 이더리움은 2022년 12월 기준, 노드 수가 약 1만 개가 넘는다. 뒤에 자세히 다루겠지만 이더리움은 기본적으로 실용적 비잔틴 장애 허용(PBFT Practical Byzantine Fault Tolerance) 합의 알고리즘 기반의 작업 증명(PoW Proof of Work) 방식으로 운영된다. 한 트랜잭션Transaction(컴퓨터로 처리하는 작업의 최소 단위)이 성사되려면 1만 개의 노드 중 적어도 5,000개 이상의 노드가 합의해야 한다. 이는 시간이 많이 걸린다는 뜻이다. 이더리움은 이 문제를 개선하기 위해 2022년 9월, 합의 알고리즘을 작업 증명(PoW)에서 지분 증명(PoS) 방식으로 바꾸는 머지Merge 업그레이드를 완료했다.

원화가 달러와 페깅Pegging 환율로 교환이 가능한 것처럼 블록체인 레이어 2는 레이어 1과 페깅돼 변동성에 영향을 받는다. 그럼 왜 이더리움보다 폴리곤이 TPS 속도가 빠른지 살펴보자. 이더리움은 노드가 1만 개가 넘고 폴리곤은 100개이다. 사람의 수가 많을수록 합의를 이루는 시간이 많이 걸리는 것과 동일하게 폴리곤이 이더리움보다 노드 수가 적어 합의 속도가 빠른 것이다. 폴리곤은 가스피가 한화 기준으로 5~10원이다. 이더리움은 가격이 내려갈 때는 5만 원, 올라갈 때는 15~30만 원까지 한다. 그럼 사용자는 어떤 블록체인 플랫폼을 쓸까? 수수료 부담이 적고 속도가 빠른 폴리곤을 선택할 것이다. 좀 더 지켜봐야 하지만 이렇게 레이어 1과 2의 운영 방식을 이해하면 블록체인 플랫폼의 특징을 파악하는 데 도움이 된다.

앞서 레이어 1이 PC의 운영체제와 같다고 했다. 레이어 1에서 댑(Dapp Decentralized Application, 탈중앙화 애플리케이션)을 만들려면 블록체인 플랫폼별로 버전을 각각 따로 만들어야 한다. 이는 엄청난 노동이다. 그런데 레이어 2인 폴리곤에서 댑을 만들면 레이어 1인 이더리움에서도 호환된다. 이더리움 버추얼 머신(EVM Ethereum Virtual Machine)으로 만든 댑은 다른 레이어 체인과 호환이 가능해 확장성을 높이는 효과를 볼 수 있다. 레이어 1의 블록체인 플랫폼들은 이렇게 각자의 버추얼 머신을 개발하는 노력에 힘쓰고 글로벌 표준이 되기 위해 경쟁 중이다. 수퍼트리가 운영하는 플레이댑도 앞서 될 성 부른 떡잎을 폴리곤으로 선택했지만 지금은 블록체인의 과도기 단계이기에 무작정 폴리곤만 바라볼 수는 없다. 니어NEAR, 셀로Celo 체인 등의 확장성도 고려하고 있으며 기술 트렌드에 민첩하게 대응하기 위해 노력 중이다.

최근 블록체인 기반의 플랫폼을 목적으로 열심히 달려가는 글로벌 기업들이 많다. 이 말은 이제 블록체인 시장이 열린다는 가설이 검증됐다는 의미이다. 그동안 불투명했던 블록체인의 시장성과 사업성이 명확해졌기에 모두 한 방향을 향해 가고 있는 것이다.

메인넷과 가상자산 거래소 상장 조건

한 회사의 대표가 폴리곤 플랫폼에서 토큰을 발행해 가상자산 거래소에 상장시킬 계획이라고 문의해왔다. 그러나 폴리곤에서 토큰을 발행하면 상장이 되지 않는다. 폴리곤이 메인넷이 아니기 때문이다. 이런 블록체인의 메인넷 구조를 잘 모르면 블록체인 비즈니스가 산으로 갈 수 있다.

한 예로 블록체인 게임 개발사 A가 클레이튼 메인넷을 기반으로 자체 토큰을 발행했다. A는 1년 안에 50개 가상자산 거래소에 토큰을 상장시킨다는 목표를 설정했다고 밝혔다. 이 역시 블록체인 레이어 구조에 대한 이해 부족에서 나온 잘못된 목표 설정이다. 토큰을 거래소에 상장하려면 A 토큰이 발행된 클레이튼 메인넷의 클레이 코인이 먼저 거래소에 상장되어야 한다. 부모와 자식이 있다면 부모가 먼저 앞서 나가 길을 닦아 놓은 뒤 자식이 그 길을 밟고 가야 한다는 뜻이다. 클레이 코인과 A 토큰은 같은 클레이튼 메인넷을 기반으로 하기 때문이다. A 토큰은 클레이 코인이 상장된 거래소에서만 상장될 수 있는데 클레이가 상장된 거래소가 많지 않다. 1년 안에 50개 이상의 거래소 상장을 실현시키려면 결국 클레이튼의 많은 노력이 필요하다.

가상자산 거래소의 시스템도 함께 알아보자. 예를 들어 거래소에 이더리움 코인이 상장되려면 거래소 밖에 이더리움 메인넷이 있고 거래소 안에도 동일한 이더리움 메인넷을 하나 더 설치해야 한다. 클레이튼의 클레이 코인도 거래소에 상장되려면 클레이튼 메인넷이 거래소 안에 하나 더 설치가 돼야 작동할 수 있다. 국내 가상자산 거래소 업비트가 정기점검을 한다는 의미는 업비트에 상장된 레이어 1의 메인넷 버전을 업데이트한다는 뜻이다. 소프트웨어를 똑같이 맞춰야 하기 때문이다.

플레이댑 토큰은 거래소 상장이 가장 많은 이더리움 메인넷을 기반으로 발행되었다. 그 덕분에 미국 최대 가상자산 거래소인 코인베이스부터 바이낸스 등에서 모두 상장될 수 있었다. 플레이댑 외에도 가상자산 거래소 운영에 관심을 갖고 거래소에 대해 심층 분석을 할 필요가 있다. 비트코인과 이더리움은 블록체인의 기축통화로서 비트코인은 디지털 골드, 이더리움은 달러 역할을 한다. 비트코인과 이더리움, 그리고 미국 달러와 동일한 가치를 보유하도록 설계된 스테이블 코인 중 하나인 테더(USDT), 이 세 가지 크립토커런시가 가상자산 거래소를 구성하는 기본 조건이다. 비트코인과 테더는 알트코인(Altcoin, 대안Alternative과 코인Coin의 합성어)을 만들지 못한다. 이더리움 메인넷 기반으로 토큰을 발행해야 전 세계 주요 가상자산 거래소에 상장될 수 있다. 플레이댑 토큰이 글로벌 탑 거래소에 상장되며 대한민국의 독보적인 1등 토큰이 될 수 있었던 경쟁력이 바로 이런 이유에서다. 무작정 뉴스와 소문만으로 블록체인 비즈니스를 실행해서는 안 된다. 비즈니스 전 블록체인 구조의 기술적 검토와 이해가 선행되어야 올바른 블록체인 비즈니스를 이끌어갈 수 있다. 이것이야말로 블록체인 비즈니스에서 계속 강조되어야 하는 중요 포인트이다.

거래소의 상장 비용에 대한 이야기도 많다. 이 또한 거래소의 구조와 기술의 이해가 필요하다.

앞서 말한 것처럼 거래소가 상장되기 위해서는 블록체인 레이어 1의 메인넷을 거래소 내에도 설치해야 하는데, 이 과정에서 많은 비용이 발생한다. 컴퓨터에서 복사·붙여 넣기로 간단히 해결되는 문제가 아니다. 우선 거래소 내에 기술지원팀을 구축해야 하고 상장될 블록체인 메인넷 설치와 이에 따른 유지·보수 비용도 들어간다. 이는 거래소 상장의 기반을 만드는 데 반드시 필요한 비용이다. 거래소가 이 기반 구축 비용을 받는 것은 당연하다. 메인넷 개발사 역시 거래소 상장 자체가 블록체인 플랫폼의 영향력과 가치를 높일 수 있게 된다. 이런 구조를 알고 있으면 정당한 비용 발생과 뇌물 청탁의 문제들을 가려내는 시야를 넓힐 수 있다.

이것만 기억하자. 첫째, 가상자산 거래소 내에 A 코인이 상장되려면

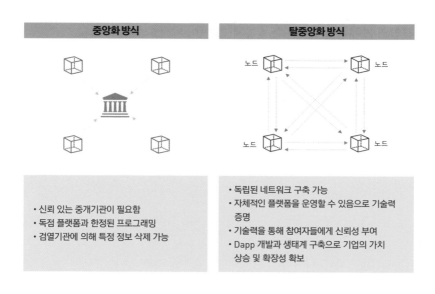

중앙화 방식	탈중앙화 방식
·신뢰 있는 중개기관이 필요함 ·독점 플랫폼과 한정된 프로그래밍 ·검열기관에 의해 특정 정보 삭제 가능	·독립된 네트워크 구축 가능 ·자체적인 플랫폼을 운영할 수 있음으로 기술력 증명 ·기술력을 통해 참여자들에게 신뢰성 부여 ·Dapp 개발과 생태계 구축으로 기업의 가치 상승 및 확장성 확보

A 메인넷이 가상자산 거래소 내에 동일하게 먼저 설치돼야 한다. 둘째, 가상자산 거래소에 A-1 토큰이 상장되려면 A-1 토큰이 발행된 A 코인이 먼저 상장돼야 한다. A-1 토큰은 A 코인 메인넷 기반으로 발행됐기에 A-1 토큰이 작동되려면 A 메인넷 코인이 가스피로 필요하다.

블록체인 메인넷을 주목해야 하는 이유가 있다. 먼저 블록체인 메인넷은 탈중앙화 방식으로 운영된다. 블록체인은 모든 컴퓨터(노드)가 전부 연결되는 풀 메시 네트워크Full Mesh Network로 작동된다. 이를 통해 독립된 네트워크 구축이 가능하며, 이런 자체적인 플랫폼 운영 능력은 높은 기술력과 경쟁력을 증명하는 지표가 된다. 특히 메인넷은 다른 블록체인 관련 스타트업이 고도의 기술과 자본이 들어가는 메인넷 구축 없이도 크립토커런시 발행, 그리고 댑과 같은 탈중앙화된 응용 프로그램을 개발할 수 있는 기반을 제공한다. 이는 확장성 확보로 메인넷 개발 기업의 가치를 상승시키는 중요한 요인이 된다.

Chapter 3

꾸준히 진화 중인
블록체인
합의 알고리즘

일반적으로 블록체인을 분산 데이터베이스라고 하는데 이는 정확한 표현일까? 엄격히 말하면 정답은 "아니요NO"이다. 기존 데이터 2.0 시대의 대표 플랫폼 네이버와 카카오도 모두 분산 데이터베이스를 갖추고 있다. 중앙 서버의 장애 발생 시 빠른 문제 해결과 복구를 위해 데이터베이스 한 곳에만 데이터를 저장하지 않고 이중화·삼중화로 분산시킨 데이터베이스에 동일한 데이터를 저장한다. 데이터는 분산되지만 이를 관리·통제하는 컨트롤 타워는 한 곳에 집중된다는 점이 문제다. 블록체인도 분산 데이터베이스 방식이기는 하나, 컨트롤 타워가 없는

'탈중앙화된 분산 데이터베이스'라고 해야 정확하다. 모든 데이터는 전 세계에 수많은 블록체인 네트워크 참여자의 데이터베이스에 분산·저장하고, 여기서 더 나아가 이 데이터베이스를 통제할 권리조차도 탈중앙화해야 한다는 개념이 바로 블록체인의 핵심이다.

블록체인 네트워크가 기존 데이터 2.0 시대와 달리 탈중앙화 철학을 중심으로 투명하고 공정하게 운영되기 위해서는 거버넌스Governance가 무엇보다 중요하다. 여기서 거버넌스는 공동의 목표 달성을 위해 모든 이해 당사자가 책임감을 가지고 민주적으로 의사결정을 수행하는 제반 장치, 또는 그런 참여자를 말한다. 데이터 3.0 블록체인 시대는 중개자 없이 분산된 거버넌스의 민주적 합의로 의사를 결정한다. 이를 합의 알고리즘Consensus Algorithm이라고 한다. 데이터 2.0 시대는 한 회사가 아무리 힘을 분산시켜도 최종 결정은 대표가 할 수밖에 없는 중앙화된 구조였다면, 데이터 3.0의 블록체인 시대는 N분의 1로 힘을 분산한다. 그 N이 어떤 방식이냐에 따라 다양한 종류의 합의 알고리즘으로 나뉜다.

블록체인 네트워크에서 합의 알고리즘이 필요한 이유

블록체인은 탈중앙화된 공공의 분산 네트워크를 기반으로 한다. 분산 네트워크는 말 그대로 네트워크를 이루는 노드Node가 각각 흩어진 구조다. 예를 들어 한 테니스 모임에서 탈중앙화 방식으로 의견을 결정

합의 알고리즘	알고리즘 설명	대표 플랫폼
PBFT (Practical Byzantine Fault Tolerance) 실용적 비잔틴 장애 허용 1982년	• 참여 노드의 다수결 투표 기반 합의 • Request(요청)→ Pre-Prepare(미리준비) → Prepare(준비) → Commit(의사결정) → Reply(응답)	• 하이퍼레저 (Hyperledger) • R3 코다(R3 Corda)
PoW (Proof of Work) 작업증명 1999년	• 마이닝 증명으로 블록생성, 보상 • 컴퓨팅 파워기반 해시값 계산 경쟁	• 비트코인(Bitcoin) • 이더리움(Ethereum)
PoS (Proof of Stake) 지분증명 2012년	• 지분 크기와 생성 날짜 기반 블록 생성 • PoW 에너지 낭비, Staking 신뢰도 증명 및 해결	• 퀀텀(Qtum) • 네오(NEO)
DPoS (Delegated PoS) 위임 지분 증명 2014년	• 대표 노드에 검증 역할 위임 • 다른 검증 노드가 대표 노드를 감시	• 이오스(EOS)
DPoS+PBFT 지분 기반 투표	• DPoS + PBFT 형태 • 악의적 행위 시 지분 몰수	• 코스모스(Cosmos) • 텐더민트(Tendermint)

할 때 대표 혼자가 아닌 멤버 모두의 민주적인 합의를 얻어야 모임의 참여도와 신뢰도 또한 높아진다. 참여자(노드) 간의 신뢰성을 보장하기 어려운 분산 네트워크 환경에서도 동일하다. 노드 간의 신뢰도를 민주적인 방식으로 높이기 위해 노드 간의 약속인 합의 알고리즘이 필요하다. 통제권을 쥔 중앙 서버가 존재하는 네트워크는 모든 의사 결정을 중앙

에서 담당하기에 합의 자체가 필요 없다.

하지만 분산된 네트워크 환경에서는 시스템의 신뢰도와 민주성 확보를 위해 노드 간의 합의가 필수적이다. 수많은 합의 알고리즘이 있지만 대표적으로 PBFT, PoW, PoS, DPoS, DPoS+PBFT(Tendermint) 다섯 가지 개념은 정확히 알아야 블록체인 메인넷과 여기서 발행되는 크립토커런시에 대해 올바르게 접근할 수 있다.

합의 알고리즘의 종류

1. 실용적 비잔틴 장애 허용(PBFT)

대표적으로 1982년에 등장한 실용적 비잔틴 장애 허용(PBFTPractical Byzantine Fault Tolerance) 합의 알고리즘부터 알아보자. 이를 이해하기 위해서는 비잔틴 장애부터 알아야 한다.

비잔틴 장군의 전쟁터 이야기에 비유하면 이렇다. 비잔틴 장군이 3,000명의 병사와 함께 전쟁터에 나갔다. 장군은 공격 전략을 맘대로 결정할 수 없다. 3,000명 병사의 합의를 얻어야 공격 실행이 가능하다.

비잔틴 장군은 먼저 1번 병사에게 "우로 공격!"을 지시했다. 1번 병사는 다시 2번 병사에게, 2번 병사는 3번 병사에게 "우로 공격!"을 외치며 마지막 3,000번 병사까지 전달했다. 3,000번 병사는 우로 공격에 합의한다는 뜻으로 "확인 완료!"를 반대로 전했고 마지막 1번 병사를 거쳐 비잔틴 장군까지 모두 전달됐다.

그럼 비잔틴 장군의 군대는 전쟁에서 어떻게 됐을까?

비잔틴 장군의 군대는 우로 공격을 시도하기도 전에 3,000명 병사의 합의를 얻느라 적군의 화살을 맞아 모두 전사하고 만다.

이를 블록체인에 적용하면 병사는 네트워크를 이루는 노드가 되고 한 트랜잭션이 실행되기 위해서는 노드의 합의가 모두 이뤄져야 한다는 것을 의미한다. TPSTransaction per Second는 1초당 처리할 수 있는 트랜잭션의 수를 말하는데, 문제는 노드가 합의를 이루는 TPS 속도가 매우 느리다는 점이다.

예를 하나 더 들면, 블록체인 시대에 배 한 척이 항해를 시작했다고 가정하자.

갑자기 빙산을 발견한 선장은 배의 방향을 우로 틀지, 좌로 틀지 중대한 결정을 해야 하는 상황에 처했다. 블록체인 시대는 선장이 배의 방향을 맘대로 결정할 수 없다. 선원 모두의 합의가 이뤄져야 하는데 선원 각각의 합의를 모두 받기도 전에 배는 빙산에 충돌한다.

여기서도 문제는 바로 속도다. 합의를 이루는 속도가 너무 늦고 이중 악의적으로 합의를 수정하는 선원도 존재함을 간과할 수 없다.

이 문제 해결을 위해서는 노드 간의 합의 불일치를 어느 정도 허용하는 방법이 필요하고 그것이 바로 실용적 비잔틴 장애 허용이다. 다수결 투표 기반의 합의 알고리즘으로, 일부 노드의 결과가 달라도 50% 이상 의견이 동일하면 합의된 것으로 본다.

PBFT 합의 알고리즘의 최적 노드 수 20+1, 여기서 +1은 어떤 역할을 할까?

네이버 근무 당시 개발자들과 함께 엘리베이터에 탔다가 엘리베이터가 갑자기 멈추는 일이 있었다. 한 개발자가 "데드락Deadlock 걸렸네"라고 말하자 개발자들은 모두 피식 웃었다. 데드락은 풀 메시 네트워크 시스템에서 트랜잭션을 누가 먼저 보냈는지 알 수 없을 정도로 동시에 주고받아 네트워크가 멈추는 현상을 말한다. 버그는 아닌데 네트워크가 멈추는 현상이다.

풀 메시 네트워크에서 20개 노드가 똑같은 메시지를 똑같이 풀어서 보내면 노드는 어떤 장부에 무엇을 기록해야 할지 헷갈린다. 이것이 바로 데드락 현상이고 +1 노드는 바로 이 데드락 현상을 모니터링하는 역할을 한다. 풀 메시 네트워크가 데드락 걸릴 확률은 희박하나 가능성은 있다. 데드락에 걸리면 컴퓨터 전원을 껐다가 다시 켜는 방법밖에 없다. 실제 서비스 중인 메인넷이 데드락에 걸려 네트워크가 멈추는 사건이 있었다. '블록체인 네트워크를 껐다가 다시 켰다면 그 네트워크는 블록체인 플랫폼이 맞을까?'라는 의문이 든다.

2. 작업 증명(PoW)

다시 블록체인 파트 처음에 이야기한 북한산 카드놀이 상황으로 돌아가보자. 북한산에 등산을 간 5명이 메모지에 점수를 기록하며 카드놀이를 하다가 메모지를 다 써버렸다.

그럼 어떻게 해야 할까? 게임을 끝내야 할까? 블록체인 기반의 카드놀이는 기록을 저장할 새로운 메모지, 즉 장부를 얻어야 게임을 이어갈 수 있다고 참여자 간에 약속을 정했다. 그런데 장부는 그냥 하늘에서 뚝 떨어지지 않는다. 새로운 장부를 얻기 위해서는 난해한 수학 문제를 풀어야 하고 그 문제를 제일 먼저 푸는 사람이 새로운 장부를 얻고 보상으로 크립토커런시를 받는다. 이것이 바로 1999년에 등장한 작업 증명(PoW) 방식의 합의 알고리즘이다.

그러면 그 어려운 수학 문제는 어떻게 풀어야 할까? 이렇게 생각해보자. 블록이 들어 있는 보물상자를 열어야 하는데 셀 수 없이 많은 열쇠 가운데 어떤 열쇠인지 알 수가 없다. 열쇠 구멍에 열쇠를 하나씩 모두 넣어보아야 한다. 그러다 한 열쇠를 넣어 보물상자 문이 덜컹 열리면 문제를 풀었다는 뜻이다. 그러면 제일 먼저 열쇠를 찾은 참여자가 새로운 블록을 생성할 수 있는 권한과 문제를 푸느라 수고했다는 보상으로 크립토커런시를 받는다. 비트코인 네트워크라면 비트코인을, 이더리움 네트워크라면 이더리움을 보상으로 받는 방식이다.

이렇게 코인을 얻는 과정을 마치 땅 속에 묻힌 광물을 캐내는 것과 같다고 해 채굴, 영어로 마이닝Mining이라고도 부른다. 만약 이런 보상 시스템이 없다면 아무도 어려운 문제를 시간과 노력을 들여 풀지 않고 블록체인 네트워크 운영 역시 어려울 것이다. 즉, 이 과정은 참여자들이 블록에 담긴 암호를 풀고 검증해 새로운 블록을 인정받는 절차인데 암호를 빨리 풀면 과도한 보상이 이뤄지므로 처음부터 참여자가 많을수록 암호 연산 난이도가 높게 설계되었다. 비트코인을 비롯해 이더리움 등이 이 방식을 채택해 적용했다.

PoW 방식은 고도화된 연산 문제를 풀어야 하므로 대규모 고성능 장비를 통해 채굴하는 사례가 발생한다. 이 과정에서 운영 권한 독점과 많은 컴퓨팅 파워로 인한 전력 소모, 열 발생 등의 비판이 제기됐고 이런 문제점을 보완하기 위해 2012년 새로 등장한 합의 알고리즘이 지분 증명(PoS) 방식이다.

이더리움은 2022년 9월 15일 합의 알고리즘 방식을 PoW에서 PoS로 전환하는 머지 업그레이드를 성공적으로 마쳤다. 사실 과도한 에너지 소모와 열 발생으로 인한 지구 온난화 문제는 PC보다는 다른 환경들이 더 직접적인 영향을 미친다. 예를 들어 전기 자동차를 타면 지구 온난화 문제에는 더 효과적인 예방을 거둘 수 있을 것이다.

3. 지분 증명(PoS)

지분 증명(PoS Proof of Stake)은 고도의 컴퓨팅 파워가 필요한 연산 능력이 아닌 해당 네트워크 코인 보유량에 따라 블록 생성 권한이 달라지는 합의 알고리즘이다. 많은 지분을 보유한 사람이 더 높은 확률로 블록 생성 권한과 보상을 분배 받는다. 네트워크에서 트랜잭션이 일어나면 가스피가 쌓이고 이를 이자 형식으로 보상받는 구조다.

PoW와 PoS는 누가 블록을 생성하는지, 어떤 트랜잭션을 블록에 놓고 그 블록을 어떻게 검증할 것인지 합의를 실행하는 데 차이가 있다.

PoW는 이를 채굴자, PoS는 검증자(Validator, 밸리데이터)가 한다.

PoS 방식으로 이더리움 블록체인 네트워크에 참여하기 위해서는 이더리움을 구입해 스테이킹(Staking, 크립토커런시 일정 양을 지분으로 고정)하고 검증자로 참여하면 그에 따른 보상을 받는다. PC의 컴퓨팅 파워가 필요하지 않으므로 그만큼 전력 소모를 낮추는 효과가 있다.

4. 위임 지분 증명(DPoS)

PoS 방식의 블록체인 네트워크에서 스테이킹하는 검증자가 늘어나면 속도는 그에 따라 느려질 수밖에 없고 이를 보완한 합의 알고리즘이 2014년 등장한 위임 지분 증명(DPoS Delegated Proof of Stake)이다.

위임 지분 증명은 민주주의 국가에서 국회의원이 국민을 대표해 법률을 제정하고 국정을 심의하는 것과 같이 대표 노드에게 검증 역할을 위임한 방식이다. 풀 메시 네트워크를 기반으로 하지만 그 위에 수퍼 노드라고 하는 위원회를 따로 구성해 합의를 결정한다. 대표적으로 이오스EOS 블록체인 플랫폼이 DPoS 방식으로 운영된다.

5. 지분 기반 투표(Tendermint)

마지막으로 하나 더 알아야 하는 것이 바로 지분 기반 투표, 즉 텐더민트Tendermint이다. 이는 실용적 비잔틴 장애 허용(PBFT)과 위임 지분 증명(DPoS)이 결합된 합의 알고리즘이다. 위임한 검증자가 악의적인 행동을 했을 때 스테이킹한 크립토커런시를 전부 몰수하는 방식이다. 유럽에서 만든 블록체인 메인넷에 주로 활용되며 대표적으로 코스모스Cosmos 블록체인 플랫폼이 이 방식을 채택하고 있다. 최근 컴투스도 이 텐더민트 기반의 자체 블록체인 메인넷을 개발 중이다.

Chapter 4

블록체인의 종류
및 등장 배경

블록체인 종류

블록체인 네트워크가 운영되는 합의 알고리즘에 대해 이해했다면 이제 블록체인 종류에 대해 알아보자. 블록체인은 운영 환경 및 목적에 따라 크게 퍼블릭 블록체인과 프라이빗 블록체인으로 나뉜다. 앞서 말한 북한산 카드놀이 상황을 예로 들어보자. 마침 등산을 온 노부부가 카드놀이에 참여하고 싶다고 제안하면 어떻게 될까? 퍼블릭 블록체인은 카드놀이 참여자 5명의 허락 없이 노부부가 기존 카드놀이 점수를

블록체인 종류

구분	퍼블릭 블록체인	프라이빗 블록체인
관리자	모든 사용자	조직에 소속된 참여자
거버넌스	결정된 규칙 변경 어려움	컨소시엄 참여자 합의를 통해 규칙 변경 가능
거래속도	느림	빠름
데이터 접근	모든 사용자	허가받은 사용자
활용 사례	비트코인, 이더리움	하이퍼레저 패브릭, 리플

출처: SPRI, 소프트웨어 정책연구소

똑같이 메모지에 기록하면 함께 앉아서 카드놀이를 할 수 있다. 반면, 프라이빗 블록체인은 5명이 노부부를 카드놀이에 참여시킬지 결정한다. 허락이 필요 없다면 퍼블릭 블록체인, 허락이 필요하다면 프라이빗 블록체인이다.

퍼블릭 블록체인

공공성을 띠는 개방형 블록체인으로 누구나 자유롭게 블록체인에 참여해 트랜잭션을 생성할 수 있다. 트랜잭션 내역은 모두에게 공개되며 네트워크에 참여한 모든 노드가 이를 검증하고 거래를 승인한다. 모든 참여자가 거래를 기록하고 이를 공유하기에 처리속도가 느리다는 것이 단점이다. 또 모든 노드에 데이터가 분산돼 공개되는 특성으로 인해 사용자 또는 기업의 정보가 외부에 노출될 수 있다는 위험이 존재한다. 비트코인과 이더리움이 대표적인 퍼블릭 블록체인Public Blockchain이다.

프라이빗 블록체인

퍼블릭 블록체인과 다르게 허가된 조직이나 개인만 네트워크에 참여할 수 있다. 승인과 신뢰 받는 조직이나 사용자만 네트워크에 참여하고 네트워크의 설정에 따라 거래를 검증하는 노드 수를 조절할 수 있어 처리속도가 빠르다. 하지만 특정 기관에 의존하기 때문에 신뢰성에 한계를 가진다. 전 세계적으로 검증된 프라이빗 블록체인Private Blockchain은 하이퍼레저 패브릭이 대표적이다.

블록체인 등장 배경

데이터 2.0의 중앙화된 시스템 한계 해결!

이제 블록체인 기술이 데이터 3.0 시대를 몰고 온 등장 배경에 대해 알아보자. 블록체인은 데이터 2.0시대의 중앙화된 시스템으로 발생한 여러 문제를 해결하기 위해 만든 기술이자 도구다. 대표적으로 데이터 2.0 시대의 한계는 '감시 자본주의', '불투명한 결제', 그리고 '데이터 비지속성' 세 가지를 꼽을 수 있다.

1. 감시 자본주의

우선 데이터 2.0 시대에는 중앙화된 플랫폼이 사용자의 데이터를 소유하며 권력을 행사는 감시 자본주의가 팽배했다. '감시 자본주의(Surveillance capitalism)'는 중앙화된 플랫폼이 사용자의 데이터를 수집

기존 데이터 2.0 플랫폼 시장의 중앙화된 사업 구조로 발생하는 비합리적 문제들

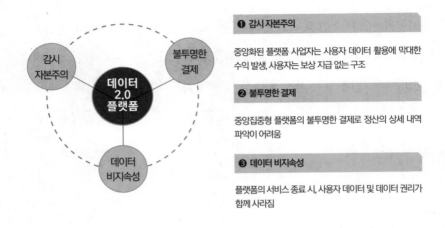

❶ 감시 자본주의

중앙화된 플랫폼 사업자는 사용자 데이터 활용에 막대한 수익 발생, 사용자는 보상 지급 없는 구조

❷ 불투명한 결제

중앙집중형 플랫폼의 불투명한 결제로 정산의 상세 내역 파악이 어려움

❸ 데이터 비지속성

플랫폼의 서비스 종료 시, 사용자 데이터 및 데이터 권리가 함께 사라짐

해 수익을 창출하는 자본주의를 일컫는 말로, 하버드 경영대학원 교수이자 사회과학자인 쇼샤나 주보프Shoshana Zuboff가 2019년 발표한 저서 『감시 자본주의의 시대』에서 처음 등장했다. 그는 특정 기업이 사용자의 개인 정보를 소유해 그들만의 정치적 목적과 경제 이익만을 위해 사용하는 문제를 지적했고 이로 인해 개인 프라이버시 침해와 불공정한 보상 문제를 야기시킨다고 지적했다.

실제 2018년 페이스북의 CEO 마크 저커버그도 이런 감시 자본주의 문제로 청문회에 참석해 곤욕을 치른 사건이 있었다. 페이스북은 월간 활성 사용자 수(MAU)의 낮은 성장률에도 불구하고 사용자 수십만 명의 개인 정보를 활용한 광고 매출 증대로 막대한 수익 성과를 얻었다. 페이스북은 6단계만 거치면 세상 모든 사람이 연결된다는 하버드 대학교의 교수 스탠리 밀그램Stanley Milgram의 6단계 분리 이론(Six degrees of separation)을 그들의 광고 서비스에 적용했고 수익을 극대화했다. A가 페이스북을 통해 나이키 신발을 구매했다고 하자. 그러면 A의 두 단계 친구까지 나이키 운동화 광고가 뜨는 방식이다. 2~3단계 친구까지는 관심사가 비슷하거나 같은 업종에 종사하는 점을 노렸고 광고 효과는 성공적이었다. 여기서 문제는 페이스북이 A 사용자의 소셜 그래프 (Social graph, 사용자가 소셜 웹사이트를 이용하면서 생긴 정보) 데이터를 사용해 기업만 어마어마한 수익을 올리고 정작 사용자에게는 아무 보상이 없었다는 점이다. 미국 청문회는 이런 사용자 데이터 사용 및 수익

감시 자본주의

기존 플랫폼은 사용자가 서비스를 이용하면서 생성된 데이터를 활용하여 막대한 매출과 영업이익을 얻었다. 대표적으로 구글과 페이스북은 매년 성장하는 사용자 데이터 기반의 디지털 타겟 광고로 수익을 독점하고 있다.

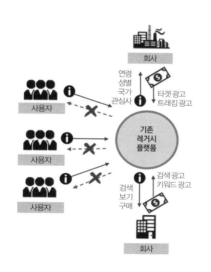

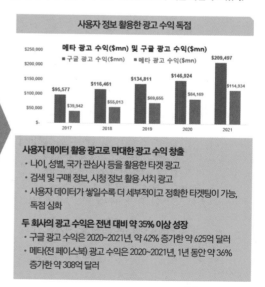

사용자 정보 활용한 광고 수익 독점

메타 광고 수익($mn) 및 구글 광고 수익($mn)

■ 구글 광고 수익($mn)   ■ 메타 광고 수익($mn)

	2017	2018	2019	2020	2021
구글	$95,577	$116,461	$134,811	$146,924	$209,497
메타	$39,942	$55,013	$69,655	$84,169	$114,934

사용자 데이터 활용 광고로 막대한 광고 수익 창출
- 나이, 성별, 국가 관심사 등을 활용한 타겟 광고
- 검색 및 구매 정보, 시청 정보 활용 서치 광고
- 사용자 데이터가 쌓일수록 더 세부적이고 정확한 타겟팅이 가능, 독점 심화

두 회사의 광고 수익은 전년 대비 약 35% 이상 성장
- 구글 광고 수익은 2020~2021년, 약 42% 증가한 약 625억 달러
- 메타(전 페이스북) 광고 수익은 2020~2021년, 1년 동안 약 36% 증가한 약 308억 달러

출처: statstic.com

화를 문제시했고 페이스북은 새로운 성장 동력이자 블록체인 시대의 일환으로 디엠Diem 스테이블 코인 프로젝트를 구상하게 된 것이다. 구글이나 아마존과 같은 거대 IT 기업들도 같은 상황이다. 은행, 증권사, 보험사 등 각 산업의 거대 중재자들 역시 사용자 개인의 데이터를 갖고 많은 부와 권력을 누렸다.

블록체인 기반의 보상 시스템은 데이터 2.0 시대의 감시 자본주의를 해결할 토큰 경제로 운영되며, 현재 시스템에서 국가 간의 장벽을 넘어 플랫폼 성장에 기여한 사용자 모두에게 정당한 보상을 줄 수 있는 가장 합리적인 방법으로 대두되고 있다.

2. 불투명한 결제

중앙집중형 플랫폼, 특히 구글과 페이팔의 불투명한 결제 관련 문제다. 지금은 정책에 변화가 생겼지만 구글 플레이스토어의 경우, 사용자가 앱을 다운받고 사용하다 환불을 요청하면 앱 개발사는 무조건 환불해 줘야 한다. 만약 사용자가 한 의류 오픈마켓에서 옷을 구입했다고 가정하자. 사용자는 옷을 입고 친구를 만나 밥을 먹고 놀이동산도 갔다. 집에 돌아와 옷을 다시 포장해서 쇼핑몰에 환불을 요청했다. 의류 오픈마켓에 입점한 쇼핑몰은 옷에 음식물이 묻어 있고 향수 냄새가 나도 마켓의 정책에 따라 무조건 사용자에게 환불을 해줘야 하는 것과 같은 상황이다. 앱 개발사도 이런 환불 정책을 악용하기도 한다. 예를 들어 개발사가 앱을 개발해 구글 플레이스토어에 올린 뒤 개발사에서 자체적으로 한꺼번에 많이 앱을 결제해 순식간에 구글의 매출 랭킹 순위

불투명한 결제
중앙화된 플랫폼 운영은 사업자의 일방적인 통보로 이뤄지는 불공정한 계약·정산·유통 구조이며, 이로 인해 많은 결제 관련 문제점이 지속적으로 발생한다.

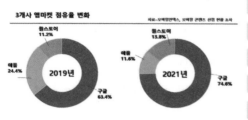

3개사 앱마켓 점유율 변화

자료 : 오체알얼런스, 모체알 콘텐츠 산업 변화 조사

2019년
- 원스토어 11.2%
- 애플 24.4%
- 구글 63.4%

2021년
- 원스토어 13.8%
- 애플 11.6%
- 구글 74.6%

- 불투명한 결제, 수익 배분 구조
- 높은 수수료 대비 역할 미비
- 이중 결제, 해킹 등에 대한 확인 불가
- 유저 결제부터 정산까지 많은 시간 소요
- 환불, 교환 등 내역 확인 어려움
- 무료 복제, 해킹으로 수익성 악화

구글, 애플 앱마켓 대체 움직임

구분	사업자	변화
한국	원스토어(앱마켓)	앱마켓 수수료율 인하(5~20%)
해외	에픽게임스(게임)	구글 앱마켓 대신 자사 홈페이지 다운로드 유도
	넷플릭스(동영상)	자사 모바일 웹에서 직접 결제 등록 유도
	스포티파이(음원)	프리미엄 서비스 이용 시 자사 모바일 웹 이용

출처: Digi capital

를 올린다. 그 다음 결제를 다시 취소시킨다. 물론 구글에서도 이를 막기 위한 기술 개발에 힘을 쓰지만 끊이지 않는 창과 방패의 싸움이나 다름없다. 이는 모두가 결제 데이터를 투명하게 확인할 수 없는 중앙화된 시스템 탓이다. 구글의 결제 데이터와 시스템을 볼 수 있는 권한은 아무도 없다. 구글이 제공하는 정산 데이터만 확인이 가능하다. 구글이 임의적으로 데이터를 수정하더라도 이를 입증할 방법이 없다. 이것이 바로 불투명한 결제 문제이고, 서비스가 고도화될수록 이 문제는 더욱더 심각해질 것이다. 반면, 블록체인 기반의 개방형 공공 데이터베이스를 활용하면 모두가 투명하게 데이터 확인이 가능해 신뢰 문제를 해결할 수 있다.

3. 데이터 비지속성

데이터 2.0의 심각한 한계라 지적되는 '데이터 비지속성Data Non-persistence' 문제다. 국내의 경우, 한 시대를 풍미한 원조 동호회 커뮤니티 사이트였던 프리챌Freechal부터 동창 찾기 커뮤니티 아이러브스쿨iloveschool, 그리고 1촌 맺기를 유행시켰던 싸이월드cyworld 역시 우리가 왜 블록체인 기술이 필요한지를 잘 보여주는 대표적인 서비스다. 역사의 뒤안길로 사라진 이 서비스들을 통해 우리는 데이터의 비지속성에 대한 문제를 인식하기 시작했다. 이런 데이터 비지속성 문제는 블록체인의 P2P 네트워크로 풀 수 있다. P2P 네트워크는 중앙화된 서버에 데이터를 모두 저장하는 방식이 아니라 네트워크를 구성하는 참여자, 즉 노드에 동일한 데이터를 다 같이 분산·저장한다. 특정 노드가 해킹을 당하거나 갑자기 사라져도 데이터가 남기에 위와 같은 데이터 비지속성 문제를 해결할 수 있다.

가장 중요한 데이터 소유권 문제도 블록체인 기술로 풀 수 있다. 블록체인은 공공성을 띠는 분산 데이터베이스이기에 데이터 소유권이 명확하게 증명된다. 예를 들어 A가 사진을 찍어 인스타그램에 업로드했다. B가 그 사진을 다른 이름으로 저장해 다시 B의 인스타그램에 올렸다. A는 그 피드는 물론 스마트폰에 저장된 사진도 모두 삭제했다. 그런데 B가 SNS에 올린 사진이 많은 팔로워의 '좋아요'를 받으면서 유명 사진 전시회에 출품돼 상까지 받았다. A는 그 사진이 자기가 찍은 사

데이터의 비지속성

플랫폼 회사가 경영상 문제로 서비스를 중단하면 회사의 중앙화 서버에 저장된 사용자의 누적 데이터도 함께 사라진다.

사업 종료 후 데이터가 모두 소실된 주요 글로벌 서비스 예시

Netscape
- 서비스 시작 : 1994년
- 서비스 종료 : 2008년
- 인터넷 대중화 초기인 1995~96년 웹 브라우저의 표준으로 활용
- 1995년 웹브라우저 시장 75% 차지

Myspace
- 서비스 시작 : 2003년
- 서비스 종료 : 2010년
- 2006년 미국에서 최다 방문 웹사이트
- 2008년 2월 기준 2억 7천만 개 계정
- 2011년 New.Corp 매각 이후 사실상 기존 서비스 접고 음악 사업으로 변경

MSN
- 서비스 시작 : 1999년
- 서비스 종료 : 2014년
- 2009년 전 세계 3억 3천만 명 계정
- 모바일 시대, PC 기반 유지가 패인
- MS의 경우 MSN를 포기하는 대신 스카이프를 인수하여 재도전 중

ChaCha
- 서비스 시작 : 2006년
- 서비스 종료 : 2016년
- 실시간 답변 제공 서치 엔진
- 2010년 5천명 프리랜서, 한 달 17억 답변
- 2010년 Lead411 선정 "Hottest Companies in the Midwest" 어워드

데이터 소실 문제 원인

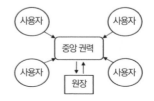

서비스 업체의 중앙화된 서버 관리
- 모든 사용자의 데이터가 서비스 업체의 중앙화된 서버(장부)에 기록/관리됨

서비스 중단 시 모든 데이터 소실
- 사용자 서비스 데이터 권리는 해당 서비스 업체가 보유
- 경영난 등으로 서비스 중단 시 해당 데이터도 함께 소실

진이라고 열심히 주장하지만 데이터 소유권을 증명할 방법이 없다. 블록체인 네트워크는 NFT라는 대체 불가능한 토큰으로 분쟁 없이 소유권 증명을 명확히 할 수 있다. NFT는 블록체인 기술을 사용해 사진, 음악, 그림 등 다양한 디지털 자산에 소유권을 증명하는 기술이자 도구다. 만약 A가 그 사진을 NFT로 발행했다면 모두가 확인할 수 있는 블록체인 네트워크에 저장돼 손쉽고 영원하게 소유권 증명이 가능하다.

Chapter 5

블록체인 플랫폼이
갖춰야 할
3가지 필수 조건

진정한 탈중앙화 블록체인 플랫폼을 확인하는 3D 요소들

앞서 블록체인은 데이터 2.0 시대의 '감시 자본주의', '불투명한 결제', '데이터 비지속성'이라는 3가지 대표 문제를 해결하기 위해 등장했다고 설명했다. 그럼 블록체인 기술이 어떻게 이 문제를 풀 수 있는지에 대해 알아보자. 이는 블록체인 서비스라면 반드시 갖춰야 할 3가지 필수 조건과도 같으며 주요 가상자산 거래소가 블록체인 서비스를 판단하는 기준이 되기도 한다. 이를 3D 핵심 키워드로 정리해 보았다.

기존 데이터 2.0의 한계를 풀기 위해
대표적으로 인증, 결제, 스토리지 분야에 탈중앙화 기술이 적용되고 있다

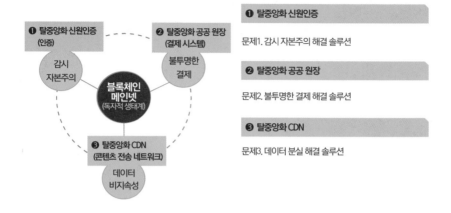

1. 감시 자본주의 해결하는 탈중앙화 신원인증

먼저 감시 자본주의는 탈중앙화된 신원인증Decentralized Identity 기술로 해결이 가능하다. 우리는 온라인이나 모바일 서비스를 이용할 때 자신 명의의 핸드폰 번호를 입력하고 본인 인증을 한다. 이는 한국에서만 가능한 본인 인증 시스템이다. 미국 여행이나 출장 시에는 핸드폰 번호로 본인 인증을 할 수 없다. 그나마 여권으로 본인 인증이 가능하나, 만약 여권도 잃어버렸다면 어떻게 해야 할까? 대사관이나 영사관을 찾아가면 될까? 전 세계 대한민국 공관은 180여 개다. 공관이 없는 나라에서는 신원을 인증할 방법이 없다. 주민등록번호 역시 대한민국 정부가 발급한 아이디다. 대한민국 내에서만 인증 가능하며 다른 나라에서는 주민등록번호로 신원을 인증할 수 없다. 중국의 인구가 13억 명이라고 하

탈중앙화 신원인증

탈중앙화 공개 키 구조(Public Key Infrastructure, PKI)를 사용하여 사용자가 직접 자신의 정보를 관리하고 보안을 극대화해 정보 유출 가능성을 줄인다.

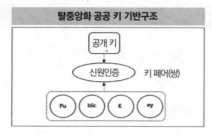

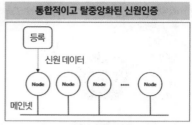

탈중앙화 공공 키 기반구조	통합적이고 탈중앙화된 신원인증
• PKI는 공개 키와 개인 키가 항상 쌍으로 존재 • 공개 키(Public Key)는 노드가 보관(공개), 개인 키 　(Private Key)는 개인 암호 • 보안을 높이기 위해 공개 키도 분산 저장 가능	• PKI 방식을 통해 한 번 일정 노드에 접속하면 별도의 　추가 작업 없이 동일 체인의 다른 서비스 이용 가능 • 각 노드가 같은 블록체인 메인넷에 연결돼 정보 공유

• PKI는 블록체인에서 가장 많이 활용되는 암호화 방식이다. 데이터를 암호화하는 공개 키와 이를 다시 풀 수 있는 개인 키가 다르기 때문에 정보 유출의 가능성이 그만큼 적다.

지만 실제 17~18억 명이 넘는다. 주민번호가 없는 4~5억 명의 중국인은 국내외에서 교통사고가 나면 신원 확인이 어려워 병원 치료 등에 문제가 발생한다. 동남아시아, 아프리카, 라틴아메리카 등 제3세계도 신원인증 문제가 크다. 이런 글로벌적인 신원인증 문제는 블록체인 기반의 서비스를 활용하면 많은 부분을 해결할 수 있다. 그래서 블록체인을 말할 때 유틸리티Utility, 즉 사용성을 강조하는 것이다.

2. 불투명한 결제 문제 해결하는 탈중앙화 공공 원장

두 번째, 데이터 2.0 플랫폼의 불투명한 결제 문제는 탈중앙화된 공공 원장(Decentralized Public Ledger)으로 해결할 수 있다. 이는 결제 시

탈중앙화 공공 원장

분산 원장 기술은 참여자가 모든 거래 기록을 공개, 분산 저장해 제3의 신뢰 기관 없이도 높은 보안성을 확보하며 거래 수수료 등과 같은 사회, 경제적 비용을 절감할 수 있다.

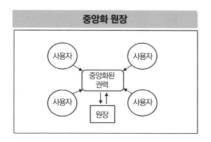

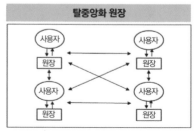

중앙화 원장	탈중앙화 원장
• 모든 거래 정보를 중앙화된 권력(서버)이 통제 관리	• 사용자가 직접 원장에 거래 기록 로그 작성
• 사용자 정보는 중앙화된 권력(서버)에서 변경 가능	• 한번 작성된 원장 기록은 수정 불가
• 사용자 누적 정보를 확인 및 수정 권한이 없음	• 공개 원장은 모두에게 공개돼 확인 가능

분산 원장은 블록체인 기술의 가장 중요한 근간 중의 하나다. 모든 참여자가 거래 장부 전체를 각각 보관, 새로운 거래에 따른 갱신을 공동 수행하여 기록에 대한 변경이 불가하도록 설계됨

스템도 탈중앙화를 이뤄야 한다는 뜻이다. 대부분 블록체인이라고 하면 결제 부분만 생각하기 쉽다. 눈에 보이는 크립토커런시 투자 분야만 부각되기 때문이다. 물론 이 역시 간과할 수 없지만 블록체인의 여러 기능 가운데 하나일 뿐이다.

블록체인 기반의 탈중앙화 서비스 플랫폼을 구축하려면 결제 시스템도 탈중앙화가 이뤄져야 한다. 현재 미국에서는 한국의 온라인 유료 서비스 이용이 어렵고 한국 또한 마찬가지다. 페이팔Paypal과 같은 해외 PGPayment Gateway(전자지급결제대행) 서비스가 국내에 진출하면 PG 시장 상당 부분을 잠식할 우려가 높다고 판단해 한국이 해외 PG 서비스 사용을 막았기 때문이다. 그래서 페이스북 유료 콘텐츠는 한국 서비스를 하지 못한다. 한국 콘텐츠 서비스 역시 해외 진출을 하려면 이 결제 시스템을 새롭게 구축해야 한다.

블록체인은 보안이 우수한 네트워크일까?

블록체인이 보안에 우수하다는 것은 잘 모르고 하는 소리이다. 보안에 취약하지만 딱 하나만 안정적이다. 중앙화된 구조는 서버가 한 곳에 집중돼 한 곳만 공격하면 해킹이 가능하다. 하지만 이더리움과 같은 블록체인 플랫폼은 노드 수가 1만 개가 넘고 다 똑같은 기록의 장부를 저장하고 있다. 이더리움 네트워크를 해킹하려면 약 1만 개가 넘는 노드를 동시에 공격해야 한다. 1만 개 이상의 서버를 동시에 공격하려면 수만 개 이상의 서버를 동원해야 하는데 이는 불가능하다. 블록체인이 안전하다는 뜻은 데이터 위·변조를 완벽하게 막을 수 있다는 의미이다. 정확히는 원장에 대한 조작이 불가능하다고 할 수 있다. 그 외에는 취약한 부분이 있고 아직 개선될 것이 많다.

블록체인 프로젝트가 해킹을 당했다는 것은 탈중앙화된 공공 원장이 아니라는 것과 같다. 풀 메시 네트워크Full mesh network를 좀 더 효율적으로 관리하기 위해 중앙화된 애플리케이션 서버를 두기도 하는데, 이 서버가 해킹을 당하는 것이 대부분이다. 블록체인 기반 게임 엑시 인피니티Axie Infinity의 해킹 역시 사이드 서버가 공격당한 사건이다. 블록체인 프로젝트가 해킹을 당했다고 하면 어떤 서버가 공격을 당했는지 자세히 들여다봐야 한다. 온체인이 아닌 오프체인에서 일어나는 해킹들이고, 이는 제대로 된 블록체인 프로젝트가 아니라는 사실을 반증하는 것과 같다.

3. 데이터 비지속성 해결하는 탈중앙화 CDN

데이터 비지속성 문제 해결을 위해 중요시 봐야 할 분야가 바로 콘텐츠 전송 네트워크, CDNContent Delivery Network이다. 이 CDN도 DCDN Decentralized Content Delivery Network(탈중앙화 CDN) 구조로 탈중앙화되어야 한다.

우리는 파일을 다운로드 받을 때 CDN 서비스를 이용한다. 대표적인 CDN 사업자는 아마존 웹 서비스(AWSAmazon Web Services), 마이크로소프트 애저, 구글 클라우드 등이 있으며 이들이 세계 CDN 시장을 독점하고 있다.

예를 들어 크리스마스 관련 사진 한 장을 다운로드 받는다고 하자. 이 사진은 한국에서는 문제가 없지만 인도에 배포되면 사회적 문제를 일으킬 수 있다. 이런 이유로 아마존 AWS가 사진 배포를 인도에서만 금지시키면 이 또한 합당할까? 이는 정보 비대칭의 문제를 발생시킬 위험이 크다. 정보 비대칭의 문제가 심각한 분야가 바로 주식시장이다.

탈중앙화 CDN

탈중앙화 CDN(DCDN) 기술을 활용해 콘텐츠 배포 및 저장하면 더 낮은 비용으로, 더 빠른 속도로 안정적이고 지속적인 서비스 제공이 가능하다.

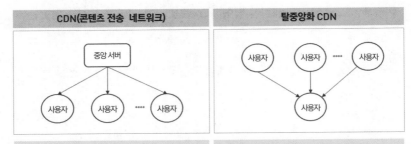

CDN(콘텐츠 전송 네트워크)	탈중앙화 CDN

- 플랫폼 운영 회사 서비스 종료 시 모든 데이터 소실
- 트래픽 병목 현상으로 인한 속도 저하 발생 가능
- CDN 제공 회사에 높은 비용을 주고 리소스 사용

- 개별 유저들이 직접 데이터 보유(데이터 지속성 확보)
- 가장 빠른 속도로 제공하는 여러 시더(Seeder)에서 다운로드
- 유저에게 콘텐츠 전달 및 제공에 대한 보상 지급

DCDN는 비트토렌트(BitTorrent)처럼 P2P 네트워크를 통해 콘텐츠를 배포한다는 공통점이 있다. 단, 콘텐츠를 전달하는 시더(Seeder)에게 리소스 제공과 생태계 유지에 대한 인센티브를 지급한다는 것이 큰 차이점이다.

일반인과 전문 투자자의 투자 수익이 다른 이유가 바로 이 정보의 비대칭 때문이다.

정보, 즉 데이터는 누구나 다 평등하게 볼 수 있어야 한다. 정보를 국민에게 공개하는 열린 정부를 추구하는 것 역시 이런 정보 비대칭 문제를 막기 위해서이다. 그런데 권력을 쥔 CDN 사업자가 정보 배포를 임의적으로 관리·통제한다. 이 또한 탈중앙화를 이루어야 하고, 실제 동유럽의 리투아니아에서는 CDN을 탈중앙화하는 프로젝트들이 나오고 있다. 이를 주도하는 이들은 아마존의 데이터 스토리지 설계를 담당했던 전문가들이다.

또 '만약 아마존 웹 서비스가 중단되면 어떤 일이 벌어질까?'를 상상

해보자. 이것은 불가능한 일이 아니다. 그러면 전 세계 인터넷 서비스가 멈출 위험도 크다. 한 국가나 중앙화된 권력으로 인터넷 서비스가 갑자기 중단되면 세계는 대처할 힘도 없이 바로 공황 상태에 빠지는 무서운 일이다. 그래서 이 CDN 시장 또한 완벽한 탈중앙화는 아니어도 분산될 필요가 있다. 이렇게 인증, 결제, 스토리지 세 가지가 탈중앙화를 이루어야 진정한 블록체인 프로젝트라 할 수 있다. 세 가지를 다 준수하는 프로젝트는 비트코인이 유일하다.

우리는 거의 모든 서비스의 데이터를 받을 때 CDN을 이용한다. CDN 사업자의 중앙 서버에서 오는 데이터이다. DCDN은 사업자의 중앙 서버가 아닌 네트워크 참여자가 설치 파일을 나눠서 보내는 방식이다. 만약 DCDN 서비스로 앱 하나를 다운 받는다면 기존 CDN의 중앙 서버가 아닌 그 파일을 갖고 있는 네트워크 참여자가 파일을 나눠서 동시에 보낸다. 그리고 파일 전송에 대한 보상으로 크립토커런시를 지급받는 토큰 경제로 운영된다. 100M 용량의 파일이라면 4명이 25M씩 나눠서 보내주는 방식이다. 수퍼트리는 이와 관련한 P2P 네트워크 기술 특허를 받았다. 수퍼트리가 넷텐션을 인수한 이유도 바로 이 P2P 네트워크를 위해서다. 넷텐션은 세계 최고 수준의 기술력을 갖춘 P2P 엔진 개발사이다. 지난 2017년 MMORPG '검은사막' 개발사 펄어비스가 넷텐션의 지분 100%를 인수하며 자회사로 편입시켰다. 넷텐션이 서비스하고 있는 프라우드넷ProudNet은 실시간 멀티플레이 게임플레이에 특화된 P2P 서버 및 네트워크 엔진으로 넥슨 '마비노기 영웅전', 넷마블 '몬스터 길들이기', '세븐나이츠', '마블 퓨처파이트' 등 세계 13개국

250여 개 게임에서 사용 중이다.

악성 코드 앱은 먼저 필터링 되어야 할까?

여기서 한 가지 생각해봐야 할 문제가 있다. 악성 코드가 있는 앱이 있다. 구글 CDN은 이를 필터링해서 배포를 막는다. 이게 과연 합리적일지를 진지하게 고민해보자. 악성 코드가 있는 앱이라 하더라도 탈중앙화된 시스템에서는 필터링 권한이 없기에 누구나 다운받을 수 있다. 악성 코드가 있는 앱도 사용자가 원하면 받아볼 수 있어야 한다. 이를 구글이라는 중앙화된 CDN 기업이 필터링이라는 명목으로 사전검열을 한다. 우리는 이 사전검열에 너무 익숙해져 있다. 악성 코드는 구글이라는 CDN 서비스가 아닌 앱을 만든 개발사에서 먼저 필터링 되어야 하고, 그런 서비스가 앞으로는 경쟁력을 갖는 시장이 될 것이다. 문제 있는 앱을 받는 경우 그 서비스는 사용자의 선택을 받지 못한다는 것을 개발자들은 이미 잘 알고 있다.

다시 말해, 사전검열의 권한은 CDN 서비스가 가지고 있지 않다. 우리가 데이터 권한을 남용하는 중앙화된 기업에 행동은 물론 생각조차 길들여진 무서운 결과이다. 사전검열 권한을 왜 CDN 사업자가 가지고 있는 것일까? 그게 합당한 일일까를 곰곰이 생각해보는 기회를 가져보자.

우리가 구글이나 네이버에서 검색을 할 때도 마찬가지다. 네이버에서 먼저 사용자 보호 차원으로 데이터를 필터링해서 제공한다. 돈이 되는 데이터를 상단에 위치하기도 하고 광고 정보를 기사처럼 포장하기도 한다. 인터넷에는 방대한 정보가 있는데, 이는 이건 진정한 인터넷 검색이라 할 수 없다. 극단적으로 말하면 데이터 플랫폼 기업의 돈을 벌어주는 검색이다.

네트워크에는 많은 정보가 있다. 양질의 정보도 있고 물론 악질의 정보도 있다. 그 양질과 악질은 중앙화된 플랫폼 기업이 아닌 사용자가 선택해야 한다. 때문에 모든 정보가 검색 결과에 나와야 한다는 말이다. 물론 어린이나 청소년에게 유해한 정보는 차단해야 하지만 필터링 권한은 원천적으로 사용자에게 있어야 한다.

중앙화에서 탈중앙화 플랫폼으로 이동하는 3단계 발달 과정

탈중앙화 가치를 추구하는 블록체인 개념은 더할 나위 없이 좋다. 하지만 데이터 2.0의 중앙화 구조를 지금 당장 파괴하고 탈중앙화로 모두 이동해야 한다는 의미는 아니다. 모든 시스템이 중앙화에서 탈중앙화로 한 번에 갈 수 없다. 모든 삶과 일의 과정이 그렇듯 조금씩 조화로운 혁신을 이뤄나가야 한다. 과거 웹의 흐름을 보아도 PC온라인에서 모바일로 바로 이동하지 않았다. 모바일 시대가 오면서 PC온라인은 사라질 것이라고 내다본 사람도 많았지만, PC온라인과 모바일은 공존하며 동반 성장했다. 모바일 시장이 성장하면 PC온라인 시장도 함께 성장했다. IT 산업의 최전방에서 일하는 전문가들은 이런 패러다임의 변화를

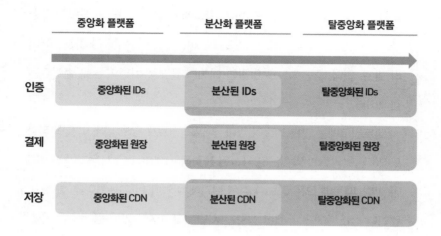

	중앙화 플랫폼	분산화 플랫폼	탈중앙화 플랫폼
인증	중앙화된 IDs	분산된 IDs	탈중앙화된 IDs
결제	중앙화된 원장	분산된 원장	탈중앙화된 원장
저장	중앙화된 CDN	분산된 CDN	탈중앙화된 CDN

빠르게 앞장서서 경험했다. 이와 같이 블록체인 시대가 도래해도 PC온라인과 모바일 시장은 함께 조화로운 혁신을 이룰 것이라고 본다.

지금은 중앙화 플랫폼에서 탈중앙화 플랫폼으로 가는 길목에 있다. 앞서 말한 것처럼 탈중앙화 플랫폼으로 한 번에 갈 수 없다. 그 중간에 분산화 플랫폼Distributed Platform을 거쳐야 한다. 지금 분산화 단계까지는 왔다고 본다. 완전한 탈중앙화 블록체인 플랫폼을 구축하기 위해서는 위의 표와 같이 인증, 결제, 저장 바로 이 세 가지 부분에서 모두 탈중앙화를 이뤄야 한다. 이 중 한 가지라도 충족되지 않으면 진정한 탈중앙화 서비스라 할 수 없다.

현재까지 완전히 탈중앙화된 블록체인 플랫폼은 비트코인이 유일하다. 2021년 2월, 캐나다는 세계 최초로 비트코인 상장지수펀드(ETF)를 승인했으며, 이어 유럽과 미국 등에서 현물 비트코인 ETF가 출시됐다. 2022년 7월, 미국 증권거래위원회(SEC)가 미국에서 가장 큰 가상자

블록체인과 데이터 3.0

산 거래소인 코인베이스에 상장된 9개 토큰을 증권으로 규정한 사건이 있었다. 탈중앙화 유틸리티성, 즉 하위 테스트_{HoweyTest}를 증명하지 못해서다. 최근 블록체인 이름을 달고 출시되는 서비스들이 많다. 하지만 탈중앙화와 분산화를 달성하지 못하면 진정한 블록체인 기술 기반 서비스가 아니다. 블록체인을 함부로 붙여서는 안 되는 서비스들이 많다. 앞으로 블록체인 서비스를 확인할 때는 인증, 결제, 저장 이 세 가지를 충족시키는지 잘 따져보자. 완벽한 블록체인 기반의 서비스를 분별하는 안목이 생길 것이다.

Chapter 6

PC온라인, 모바일, 그리고 블록체인 패러다임의 변화

PC온라인 시대는 제작사와 유통사만 수익을 얻는 로컬 서비스가 주를 이루었으며, 모바일 시대는 글로벌 원 빌드Global One Build로 이동했다. 그 다음 단계인 블록체인 시대는 사용자 중심의 글로벌 원 서비스Global One Service가 핵심이다.

1990년대, PC온라인 시대는 팀 버너스 리Tim Berners Lee가 개발한 월드와이드웹(WWWWorld Wide Web)으로 전 세계에 인터넷 인프라가 하나로 연결됐다. 하지만 서비스는 중앙화된 결제 시스템 문제로 글로벌이 아닌 로컬 위주로 운영됐다. 물론 인터넷 사이트는 주소만 입력하면 들어

PC온라인	모바일	블록체인
로컬 서비스	글로벌 원 빌드	글로벌 원 서비스
제작사(유통사)	인플루언서	사용자

갈 수 있었지만 서비스 자체는 글로벌 시스템이 아니었다. 대표적으로 PC온라인 시대의 대중화를 이끈 게임 산업을 살펴보자. 게임은 온라인 콘텐츠를 만드는 제작사, 그리고 이를 온라인에 배포하는 유통사로 나뉘고 로컬 기반의 서비스로 이들만 수익을 얻었다. 사용자는 정액제든 부분 유료화든 게임 콘텐츠 사용료를 지불했다. 콘텐츠를 제공하는 제작사와 유통사는 돈을 버는 공급자, 사용자는 돈을 내고 콘텐츠를 사용하는 소비자였다. 결제는 이니시스와 같은 국내 온라인 전자결제서비스를 이용했고 7~12% 수수료를 지급했다.

　게임 회사가 해외에 진출하려면 서비스는 첫 시작부터 로컬 기반이었기에 각 국가에 맞는 데이터베이스부터 언어 등 모두 현지화를 해야 했다. 그러다 보니 전혀 다른 콘텐츠가 나왔다. 2005년 출시돼 독보적인 게임성으로 1인칭 슈팅과 액션 장르를 견인한 '서든어택Sudden Attack', 과 '던전앤파이터Dungeon&Fighter'의 해외 버전 역시 이와 같은 이유로 기존 한국 게임과는 전혀 다른 게임으로 탈바꿈됐다. 스마일게이트에서 개발한 FPS '크로스파이어CrossFire'의 중국 버전도 첫 화면부터 시작해 한국과 다른 콘텐츠라 할 정도로 큰 차이가 난다. 로컬에만 특화된 서비스로 출발했기에 해외 진출 시 이렇게 전혀 다른 콘텐츠가 탄생한 것이다.

그럼 모바일 시대는 어떻게 됐을까? 모바일 시대가 오면서 애플 앱스토어, 구글 플레이스토어와 같은 오픈마켓이 생겨났다. 그리고 이 때부터 국경이 사라진 '글로벌 원 빌드' 전략이 대세가 되었다. 이는 나라별이 아닌 애플 앱스토어와 구글 플레이와 같이 오픈마켓별로 각각 단일 버전의 콘텐츠를 만들어 서비스하는 방식이다. 완전한 글로벌 원 서비스는 아니다. 구글 플레이에 맞는 버전의 앱을 만들어 올려도 빌드는 같지만 서비스 형태나 운영 방식이 달랐다.

모바일 시대는 이렇게 서비스가 로컬에서 글로벌 기반으로 이동했고, 유튜브와 같은 글로벌 원 빌드 서비스가 등장하면서 전 세계가 하나의 글로벌 콘텐츠를 보기 시작했다. 사용자는 급속하게 증가했고 앱 콘텐츠가 매스 미디어 역할을 대신할 정도로 성장했다. 그러면서 불특정 다수를 대상으로 한 매스 마케팅Mass marketing, 빅데이터 분석 기반의 타겟팅 광고인 퍼포먼스 마케팅Performance marketing도 발전했다. 게임 콘텐츠도 매스 미디어가 됐다. 게임 제작사나 유통사가 아닌 사용자 개인이 게임을 소재로 유튜브, 트위치, 아프리카 TV 등의 채널을 통해 방송을 하면서 수익을 얻었다. 각 분야에서 영향력이 높은 인플루언서Influencer가 등장했고 콘텐츠를 기반으로 한 다양한 직업이 생겨나면서 경제 활동으로 수익을 얻는 모바일 시장이 만들어졌다.

그럼 블록체인 시대는 어떻게 변할까? 모바일 시대는 콘텐츠를 소재로 제작사나 유통사는 물론 인플루언서와 같이 새로 등장한 직업군도 수익을 얻었다. 실제 이 생태계를 성장시키고 돈을 지불한 사용자는 정작 아무런 수익도 얻지 못했다. 게임 아이템을 사고 별풍선을 보내는데도 돈을 냈는데 말이다. 블록체인 시대에는 완벽한 글로벌 원 서비스로 제작사·유통사, 인플루언서, 그리고 사용자도 모두 수익을 얻는 구조가 핵심이다. 글로벌 원 빌드가 글로벌 원 서비스로 확장되고 사용자가 직접 콘텐츠 만들거나 혹은 매뉴얼 작성, 커뮤니티 운영 등에 기여하면 보상으로 크립토커런시를 받는다.

예를 들어 미국인이 한국 게임을 즐기면서 GMGame Manager(게임 운영자)으로 활동하거나 버그를 수정한 대가로 게임사에서 보상을 제공한다면 어떻게 해야 할까? 백화점 상품권을 주거나 원화를 달러로 바꿔 송금하면 될까? 게임 아이템, 포인트, 마일리지 등이 있기는 하지만 큰 의미가 없다. 블록체인 시대는 사용자가 많은 시간과 노력을 들여 생태계 확장에 기여한 만큼 합리적인 보상을 받는다. 이를 가능하게 한 것이 바로 크립토커런시다. 이미 전 세계 100여 개 국가에서 크립토커런시를 법정화폐로 교환이 가능하고, 블록체인 시대는 이런 토큰 경제 시스템으로 움직인다.

페이스북의 디엠Diem 블록체인 프로젝트도 이렇게 시작됐다. 페이스북은 지난 2019년 6월 스테이블 코인을 출시한다고 밝히고 프로젝트 이름도 리브라에서 디엠으로 바꾸며 고군분투했지만 사실상 모두 실패로 돌아갔다. 미국 정부와 금융감독기관의 반대에 부딪히면서 사업이 원활히 진행되지 않았다. 하지만 데이터 2.0 시대를 이끈 글로벌 기업들의 블록체인을 향한 발걸음은 끊이지 않고 있다. 블록체인 시대는 앞으로 다가올 큰 물결이자 다음 단계임이 분명하기 때문이다. 구글 클라우드는 시장 점유율을 끌어올리기 위해 NFT, 블록체인 관련 지식을 갖춘 인재 채용 계획을 내놓았다. 클라우드 사업부와 별개로 '블록체인 및 기타 차세대 분산 컴퓨팅·데이터 저장 기술' 관련 사업부를 조직하기도 했다. 2021년 10월, 세계 최대 간편 결제 서비스 기업 페이팔 PayPal도 미국에서 가상자산 거래 서비스를 시작했다.

데이터 2.0 플랫폼 경제 vs 데이터 3.0 프로토콜 경제

플랫폼 경제	프로토콜 경제

데이터 2.0
플랫폼 사업자만 독식하는 플랫폼 경제 시스템
플랫폼 사업자가 그들의 데이터베이스에 사용자 데이터를 소유함으로써 부와 권력을 독식하는 중앙화된 경제 시스템이다. 플랫폼 생태계를 구성하고 성장시키는 핵심 역할은 서비스 제공자와 사용자가 하지만 정당한 수익은 얻지 못한다. 데이터를 가진 플랫폼 사업자가 경제를 주도하며 임의대로 수수료 정책을 수정·부과해 플랫폼 사업자만 이익이 극대화되는 구조다.

데이터 3.0
참여자 모두를 위한 프로토콜 경제 시스템
블록체인 기반의 탈중앙화 시스템을 통해 여러 경제 주체를 연결하는 새로운 경제 구조다. 프로토콜 경제 생태계에 기여하는 참여자 모두가 플랫폼을 성장시키고 이에 따른 정당한 보상을 받는다. 플랫폼 경제가 플랫폼 사업자를 위한 경제 구조였다면 프로토콜 경제는 블록체인 기술을 활용해 플랫폼에 모인 모든 참여자가 합의를 한 뒤 일정한 규칙을 만드는 등 참여자 모두에게 공정과 투명성을 확보하는 참여형 경제 체제가 구축된다.

블록체인 기술의 발전 과정

블록체인 1.0

- 2008년 10월, 사토시 나카모토가 〈비트코인: P2P 전자화폐 시스템(Bitcoin: A Peer-to-Peer Electronic Cash System)〉 논문 작성 후 암호학계 메일 전송
- 2009년 1월 3일, 블록체인 기술을 적용한 최초의 크립토커런시, 비트코인 개발

블록체인 2.0

- 2013년 비탈릭 부테린Vitalik Buterin이 이더리움 백서 작성, 스마트 컨트랙트를 지원하는 블록체인 기술 제안
- 전자화폐 기능에 국한된 기존 비트코인 한계 넘어, 블록체인 기술로 각종 계약서 위·변조 막는 통제 기능 적용

블록체인 3.0

- 블록체인 기술 범위 확장 및 상용 본격화, 여러 산업의 기반기술

로 자리매김할 전망

- 하지만 현재까지 이더리움을 뛰어 넘는 블록체인 3.0 부재

대표적인 블록체인 플랫폼의 특징 비교분석

구분	패브릭 Fabric	이더리움 Ethereum	이오스 EOSIO	폴카닷 Polkadot	클레이튼 Klaytn
합의 알고리즘	Raft (solo)	PoW (PoS)	DPoS	NPoS (Nominated)	PBFT (Committee)
오픈소스 공개	오픈소스	오픈소스	오픈소스	오픈소스	오픈소스
SDK 지원언어	Node.js, Java, GO, pyhton	Java, pyhton, Javascript, Go, Rust, NET, Delphi, Dart	Javascript, Swift, Java	Substrate, C, C++, Go	Javascript, Java
스마트 컨트랙트 개발 언어	GO, Java, Node.js	Solidity Vyper, Yul, Yul+	C++	–	Solidity
코어 개발 언어	GoLang, gRPC over HTTP/2	GoLang/C ...	C++	Rust	GoLang/C ...
TPS	약 3,500	약 20	약 3,000	약 1,000	약 4,000

출처: SPRI, 소프트웨어 정책연구소

- 비트코인은 초당 7건의 거래를 처리한다. 이를 7TPS라고 한다. 이더리움은 약 20TPS로, 초당 평균 2,000TPS를 처리하는 비자카드와 비교하면 이제 막 첫 발을 뗀 수준이다.

Chapter 7

블록체인 2세대를
선도한
이더리움

이더리움은 비트코인 매거진의 초대 공동 창간자로 기고하던 비탈릭 부테린이 개발한 블록체인 플랫폼이다. 2014년 비탈릭 부테린은 이더리움 재단을 설립하고 클라우드 펀딩 방식의 ICO_{Initial Coin Offering}(암호화폐공개)를 통해 3만 비트코인에 해당하는 자금을 모아 2015년 7월 30일 이더리움 제네시스 블록 채굴을 시작했다.

이더리움은 기존 크립토커런시 이외의 사용이 제한된 비트코인과 달리 스마트 컨트랙트를 작성하는 기능을 더해 금융거래부터 부동산 계약, 공증 등 다양한 형태의 계약을 체결하고 이행할 수 있도록 인프

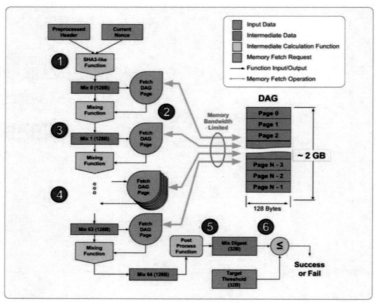

출처: https://miningbitcoinguide.com/mining/sposoby/ethash

라를 구축해 '블록체인 2세대'라 불린다.

이더리움 플랫폼의 3가지 핵심 키워드

1. 스마트 컨트랙트

이더리움은 대표적인 2세대 블록체인 플랫폼이다. 솔리디티Solidity
를 기반으로 스마트 컨트랙트Smart Contract 기능을 개발했다. 솔리디티는 이더리움과 같은 블록체인 플랫폼에서 스마트 계약 작성과 구현에 사용되는 프로그래밍 언어로, 이더리움 버추얼 머신상에서 동작한다. 스마트 컨트랙트를 통해 트랜잭션을 발생시키기 위해서는 수수료라 할 수 있는 GAS가 필요하다.

2. 가스(GAS)

가스GAS는 이더리움 플랫폼에서 트랜잭션을 실행하기 위한 네트워크 수수료 단위를 의미한다. GAS는 코드의 복잡성에 따라 다르게 측정되며, GAS limit(가스 한도), GAS price(수수료), Block GAS limit(한 블록에 담을 수 있는 가스 한도 총량) 등 다양한 요소를 포함하고 있다. 사용자가 설정한 GAS가 높을수록 네트워크에서 작업이 빠르게 처리된다. GAS를 낮게 설정하면 작업이 완료되지 않고 거래가 실패되며 그 시점까지 사용된 GAS가 손실된다. 이를 통해 GAS는 이더리움 네트워크의 무의미한 트랜잭션의 남용과 과부화를 막는 역할을 한다.

3. 대체 불가능한 토큰(NFT)과 민팅

이더리움의 핵심 기술 중 하나가 앞서 설명한 스마트 컨트랙트다. 비트코인이 블록체인 기술을 활용해 암호화폐를 만들었다면, 이더리움은 이를 통해 모든 종류의 계약을 자동으로 실행할 수 있는 프로그램을 추가로 지원한다. 이더리움 스마트 컨트랙트 기능을 통해 디파이와 NFT 시장이 크게 성장했다고 해도 과언이 아니다. NFT 분야에서 디지털 가상화폐로 NFT 구매하는 행위나 만드는 것을 민팅Minting이라고 한다.

단계	특징
프론티어(Frontier)	2015년 7월 30일 이더리움 제네시스 블록 채굴로 정식 서비스 시작
홈스테드(Homestead)	2016년 3월 14일부터 본격적으로 이더리움 네트워크 참여자를 모으며 생태계 구축
메트로폴리스(Metropolis)	채굴 보상을 5ETH에서 2ETH까지 축소
이더리움 2.0 Phase 0	샤드(Shard) 체인과 지분 증명 방식을 감독 및 관리하는 비콘(Beacon) 체인 도입 각 노드들은 32ETH를 스테이킹하여 비콘 체인의 검증인으로 참여
이더리움 2.0 Phase 1	지분증명 검증자들을 샤드로 분리, 각 샤드들이 이더리움 트랜잭션을 병렬 처리 비콘 체인이 각 샤드에 배정될 검증자를 무작위 반복 선별로 담합 및 공격 방지
이더리움 2.0 Phase 1.5	이더리움 1.0을 이더리움 2.0의 샤드로 병합
이더리움 2.0 Phase 2	트랜잭션을 위한 샤드를 생성 20TPS를 10만 TPS까지 올리는 것이 목표

출처: 이더리움 재단

2021년 이더리움은 댑Dapp 시장의 높은 거래량과 ERC-20 표준으로 발행된 수많은 토큰, ERC-721 표준이 사용된 NFT 시장에서 압도적인 점유율을 보유한다. 2021년 8월 기준, 디파이(DeFi, Decentralized Finance 탈중앙화된 금융) 관련 댑의 경우, 디파이 앱 수는 이더리움이 117개, 트론TRON이 14개, 이오스가 10개로 약 82% 점유율을 차지한다. 거래량을 비교하면 트론, 이오스 등을 모두 합쳐도 이더리움 플랫폼 거래량의 0.01%도 해당되지 못한다. 하지만 이로 인해 가스비 증가의 문제와 모든 참여자가 거래 내역을 검증하고 기록하는 블록체인 구조상 처리 속도 지연이라는 한계에 부딪쳤다. 이는 서비스 확장의 큰 걸림돌이 되었고 이를 보완하기 위한 이더리움 2.0 업그레이드 작업을 실시했다.

최근 블록체인 주요 속성인 탈중앙화, 확장성, 보안성을 동시에 해결하기 어렵다는 신조어 '블록체인 트릴레마Blockchain Trilemma'가 떠올랐다. 블록체인 플랫폼의 성공 가능성이 블록체인 트릴레마 해결에 달렸다고 해도 과언이 아니다. 이더리움 2.0은 블록체인 트릴레마를 해결하기 위한 대규모 공사를 진행했고, 그 중 가장 핵심은 이더리움 블록 생성 방식을 고가의 장비로 암호를 해독하는 작업 증명PoW에서 코인을 보유하는 방식의 지분 증명PoS으로 바꾸는 '머지'이다.

지분 증명 방식, 샤드 등으로 이더리움 2.0 개선

이더리움 2.0은 이더리움 네트워크 확장성 개선을 위한 업그레이드 과정을 말한다. 디파이, NFT 등 새로운 기술들이 이더리움 네트워크에서 활성화되면서 이더리움 확장성 문제가 대두되기 시작했다. 그래서 이더리움 2.0은 탈중앙화 특성을 유지하되 속도, 효율성, 확장성, 보안 등을 개선하는 것을 목표로 이더리움 2.0 프로젝트를 진행했다.

이더리움 1.0의 한계점 4가지

1. 확장성_트랜잭션 처리 속도가 느림

2. 보안 문제_2019년 이더리움 네트워크가 노출될 수 있는 44개 취약점 식별

3. 채굴 난이도_이더리움 1.0이 채택한 합의 알고리즘 작업 증명PoW 은 물리적 컴퓨팅 능력과 전기에 의존해 거래를 검증하고 새로운 블록을 만들기 위해 채굴자를 필요로 하기에 그만큼 거래 처리 속

도가 느리다는 단점이 있음. 이더리움 2.0의 지분 증명은 예치금을 내면 누구나 검증자로 참여 가능해 확장성 및 에너지 효율성 등을 개선할 수 있음

4. 비용_이더리움 네트워크를 사용하려면 큰 비용 필요. 네트워크가 거의 포화 상태

채굴 대신 지분 증명으로 전환한 이더리움 머지

지난 2022년 9월 15일, 이더리움은 주요 업그레이드인 머지를 완료하며 '이더리움 2.0'의 첫발을 내디뎠다. 머지는 이더리움 로드맵상에서 장기간 준비해 온 업그레이드 버전으로 기존의 이더리움 합의 알고리즘을 작업 증명에서 지분 증명으로 전환하는 것이 핵심이다.

기존 이더리움은 컴퓨터 연산 작업을 통해 블록을 생성하고 그 대가로 코인을 지급받았다. 반면, 이더리움 2.0은 블록체인 노드나 검증인이 보유한 이더리움 지분에 비례해 블록 생성의 대가를 받는다. 이더리움 2.0 전까지는 컴퓨터로 블록을 생성하고 이더리움을 수수료 보상으로 받았다면, 지분 증명PoS 전환 이후엔 이더리움을 많이 보유할수록 보상 비중이 높아진다. 그 동안 작업 증명은 채굴로 과도한 열을 발생시킨다는 문제가 제기돼 왔다. 마이닝풀Mining pool(코인 채굴 위해 여러 대의 채굴기를 연결해 슈퍼컴퓨터처럼 작동하도록 만든 네트워크) 업체의 채굴 독점 횡포와 보완성 문제도 컸다. 지분 증명은 이러한 문제점을 보완하고 네트워크 처리 속도를 높이는 동시에 에너지 사용량을 감소시킬 것으로 예상된다. 비탈릭 부테린은 트위터를 통해 머지는 이더리움 생태계

에 중요한 순간이며, 전 세계 전기 소모량을 줄일 수 있다고 밝혔다. 이더리움 2.0 머지 프로젝트의 성공 여부는 앞으로 조금 더 지켜봐야 할 것이다.

이더리움 2.0 로드맵

이더리움 창시자 비탈릭 부테린이 발표한 이더리움 2.0 로드맵을 살펴보자. 머지를 시작으로 장기적인 변화를 5단계로 제시했다.

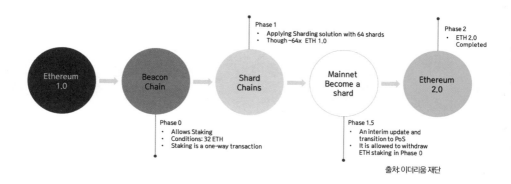

출처: 이더리움 재단

1단계: 머지The Merge, 2022년 9월 15일 완료된 지분 증명PoS 방식으로 전환되며, 전력 사용량 99% 절감 기대

2단계: 서지The Surge, 64개의 샤드체인 추가로 메인 체인의 혼잡을 줄이고 네트워크 확장성이 증가하는 단계

3단계: 버지The Verge, 이더리움의 스토리지(저장 공간)를 최적화하고

노드 크기를 줄이는 단계

4단계: 퍼지The Purge, 불필요한 과거 데이터를 제거, 스토리지 간소
화를 통해 네트워크 효율을 높이는 작업

5단계: 스플러지The Splurge, 누구나 손쉽게 이더리움을 사용할 수 있
도록 사용 방식을 단순화는 작업 진행

1단계 머지부터 5단계 로드맵이 완성된다면 이더리움은 초당 10만
건의 트랜잭션을 처리하고, 네트워크의 확장성 강화에 따라 처리 비용
은 3분의 1로 저렴해질 것으로 기대된다. 이더리움 2.0의 시작이 향후
전력 감소와 저장 공간 최적화를 통한 확장성 및 속도 향상을 모두 이루
어낼지 지켜봐야 한다.

Chapter 8

기업형 노드 밸리데이터 글로벌 TOP 4

블록체인, 극단적 자본주의 vs 민주적 자본주의

블록체인 프로토콜은 지속적으로 발전을 거듭하고 있다. 그런데 문제는 블록체인 핵심 개념은 탈중앙화인데 점점 더 중앙화된 극단 자본주의로 갈 위험이 있다는 점이다. 예를 들어 앞서 말한 작업 증명 방식인 PoW 합의 알고리즘은 네트워크를 운영할 돈이 많으면 많을수록, 5천 대의 컴퓨터가 있다면 여기에 1만 대를 더 추가해 채굴할 수 있다. 그러면 51%의 합의 권력이 여기에서 나오게 된다. 부에 따라 네트워크를

극단적 자본주의 vs 민주적 자본주의

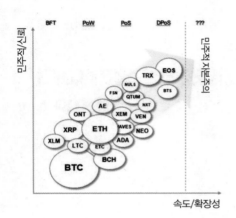

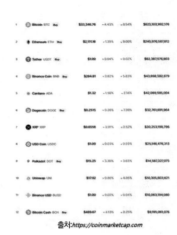

출처:*https://coinmarketcap.com*

다 장악할 위험이 큰 것이다. 위 표는 극단적 자본주의와 민주적 자본 주의에 대한 분석이다.

실제로 적은 수의 노드를 갖춘 블록체인 네트워크는 51% 공격이 비교적 쉽다. 그런데 오랫동안 신뢰를 구축하고 참여한 많은 노드를 갖춘 네트워크는 함부로 51%의 합의를 공격하지 못한다. 많은 블록체인 네트워크가 만들어졌으나 이더리움처럼 노드가 1만 대가 넘으면 51%의 공격은 불가능하다. 이제 막 시작된 블록체인 네트워크 경우는 공격당할 여지가 크다.

블록체인 프로젝트라고 잘 포장해 시장에 나오는 플랫폼 중 실제 블록체인 구조가 아닌 프로젝트들도 많다. 이를 잘 판단하기 위해서는 블록체인 시스템에 대한 정확한 이해가 선행돼야 한다. 다 똑같은 블록체인 프로젝트가 아니기 때문이다. 궁극적으로 블록체인 생태계는 민주적 자본주의로 반드시 돌아가야 하고, 이것이 블록체인 생태계를 건강하게 만드는 열쇠가 될 것이다.

블록체인 네트워크에서는 단 한 명 혹은 다수의 힘이 세지면 안 된다. 지분 증명은 해당 네트워크 코인을 많이 사서 스테이킹하면 힘이 세진다. 이건 극단의 자본주의를 불러올 수 있다. 블록체인은 탈중앙화된 공공의 분산 네트워크여야 한다. 노드의 민주적 합의로 네트워크의 힘이 분산되어야 하고 지금은 그 힘의 분산을 어떻게 민주적으로 할 것인가를 계속 고민하는 과정에 있다. 극단적 자본주의를 막고 민주적 자본주의를 향한 노력은 앞으로도 계속될 것이다.

블록체인 생태계의 원활한 발전을 위해 등장한
기업형 노드 밸리데이터 글로벌 TOP 4

블록체인 네트워크는 노드의 역할이 무엇보다 중요하다. 노드는 네트워크를 이루는 모든 노드와 연결돼 풀 메시 네트워크를 이룬다. 모든 노드가 참여자인 동시에 노드 밸리데이터(검증자)가 되며 새로 생성되는 블록의 유효성을 검증하고 실시간으로 네트워크를 모니터링한다. 참여자 모두가 노드 밸리데이터이지만 블록체인 생태계의 원활한 발전을 위해 전문적으로 검증 역할을 하는 기업형 노드, 즉 기업형 노드 밸리데이터가 필요하다. 대표적으로 4곳의 기업형 노드 밸리데이터를 소개한다. 이들이 어떤 블록체인 프로젝트에 참여했는지 그 행보를 잘 지켜보면 데이터 2.0 시대를 주도한 구글이나 아마존과 같은 초대형 프로젝트를 빨리 알아볼 수 있다. 블록체인 산업은 아직까지는 초기 단계다. 이들을 잘 모니터링해서 어떤 블록체인 플랫폼이 성장 가능성이 큰지를 잘 참고해보자.

1. 국내 대표 금융 기업이 점찍은 한국 대표 블록체인 인프라 기업, 'DSRV'

⊃SRV

주요 투자처

NAVER D2SF/블록 크래프터스Block Crafters/KB 인베스트먼트/삼성 넥스트

주요 지원 프로토콜

Live: 셀로Celo/니어Near/플로우Flow/코다Coda

Launching: 서틱CertiK/판도라Pandora

프로젝트 특징

• 누구나 쉽게 지분 증명(PoS) 방식의 네트워크를 참여할 수 있는 노드 인프라 제공

- 셀로 '마스터 밸리데이터Master Validator', 코다 'MVP&제니시스 창립 멤버(MVP&Genesis Founding Member)', 네이버 '밸리데이터 자문 기관(Validator Advisory Board)' 등의 타이틀 획득
- 다수의 프로토콜 진행보다는 선별된 소수 프로토콜에 대한 깊이 있는 서비스를 제공하는 것이 차별점
- 초기 단계 블록체인 네트워크를 위한 각종 데이터 API, 탐색기, 위임 스케줄 툴 제공
- 서비스형 인프라(Infrastructure-as-a-Service) 및 엔터프라이즈 노드 운영 서비스
- 2022년 8월, 국제표준화기구(ISO)가 제정한 정보보호 경영시스템의 국제 표준인 ISO 27001 인증 획득. 정보보안 관리체계, 고객 정보보호 체계, 데이터 관리체계 등 전반에 걸쳐 국제적인 수준 입증, 글로벌 무대에서 한층 더 높은 신뢰도 확보
- 글로벌 탑 4 중 유일한 토종 한국 기업, 네이버와 삼성은 물론 KB 인베스트먼트 등으로부터 투자 유치, 국내 대표 금융 기업이 블록체인 네트워크 기업에 투자했다는 점이 중요 포인트

2. 미국 최대 가상자산 거래소 코인베이스가 투자한 '비선트레일즈'

주요 투자처: 블록체인 캐피탈Blockchain capital /클라이너 퍼킨스Kleiner

Perkins /코인베이스 벤처스Coinbase Ventures /콜라보레이티브 파운드
Collaborative found /에이 캐피탈a_capitial / 컨센시스ConsenSys

주요 지원 프로토콜

Live: 알고랜드Algorand/셀로Celo/코다Coda/코스모스Cosmos/디크리드
Decred/ 엣지웨어Edgeware/이더리움 2.0Ethereum 2.0/플로우Flow/킵Keep/
쿠사마Kusama/리브라Libra/라이브피어Livepeer/니어Near/누사이퍼
NuCypher/오아시스Oasis/온톨로지Ontology/폴카닷Polkadot/솔라나Solana/
테조스Tezos
Testing: 아발란체Avalanche/카르다노Cardano/디피니티Dfinity/
파일코인Filecoin

프로젝트 특징

- 자산관리, 펀드, 투자자, 거래소 및 관리자 등이 블록체인 프로젝
트 네트워크를 쉽게 구축할 수 있도록 도움. 지분 증명 및 권한 증
명 네트워크에 참여할 수 있는 간편한 시스템과 각 프로토콜의 노
드 제공 및 운영
- 리브라 초기 창립멤버로 선택될 정도로 기술력을 인정받아 많은
블록체인 프로젝트에서 서비스 사용 중
- 세계 최대 가상자산 거래소 코인베이스가 만든 디파이 생태계에
서 주요 역할을 함. 비선트레일즈가 노드를 운영하고 있거나 테스
트 중인 코인이 코인베이스에 대다수 상장됨

블록체인과 데이터 3.0

3. 블록체인 인프라 기술 전문 기업 '블록데몬'

주요투자처: 컴캐스트 벤처스Comcast Ventures/레러히포LererHippeau/볼드스타트Boldstart/라이팅 비트코인Lighting bitcoin/코스모스Cosmos/스케일Skale/킵Keep/파일코인Filecoin

주요 지원 프로토콜

비트코인Bitcoin/이더리움Ethereum/리플Ripple/스텔라Stellar/폴카닷Polkadot/셀로Celo/라이트코인Litecoin/오아시스Oasis/알고랜드Algorand/테조스Tezos/니어Near/하모니Harmony/리브라Libra/패브릭Fabric/모바일코인Mobilecoin/코다Coda/라이팅 비트코인Lighting bitcoin/코스모스Cosmos/스케일Skale/킵Keep/파일코인Filecoin

프로젝트 특징

- 블록체인 프로토콜 관련해 거래소, 커스터디(Custody, 고객 자산을 회사가 대신 보관·관리하는 서비스) 업체, 금융기관, 개발자가 노드를 배치하고 관리할 수 있는 툴 세트 제공
- 각 프로토콜마다 전용 혹은 엔터프라이즈 노드를 지원, 해당 프로토콜의 업데이트에 맞춰 지속 대응
- 하이브리드 클라우드를 통해 블록체인 프로젝트가 원하는 플랫

폼, 지역, 네트워크 등을 결합한 서비스 운영

⇨ SaaSSoftware as a Service 제공 및 독일에 이어 싱가포르에 지사 설립

4. 블록체인 대중화를 선도하는 '피그먼트 네트웍스'

**Figment
Networks**

주요 투자처: 레민스캡Leminscap/본파이어벤처스Bonfire Ventures/FJ랩스FJ Labs/XDL 캐피탈XDL Capital/프로타벤처스ProtaVentures

주요 지원 프로토콜

Live: 코스모스Cosmos/폴카닷Polkadot/테조스Tezos/셀로Celo/킵Keep/라이브피어Livepeer/카바Kava/쿠사마Kusama/이머니e-money/아이리스넷IRISnet/체인링크Chainlink/하머니Harmony/밴드 프로토콜Band Protocol/아이콘ICON/아이온TheOAN/엣지웨어Edgeware/알고랜드Algorand

Launching: 니어Near/플로우Flow/오아시스 네트워크Oasis network/코다Coda/스케일Skale/ 누사이퍼NuCypher/솔라나Solana

프로젝트 특징

• 약 20개 프로토콜에 대해 커스터디, 스테이킹, 노드 구축, 거버넌스 등을 운영

• '허블Hubble'을 통해 각 프로토콜에 대한 검증 진행, 사용자와 토큰 보유자가 보상에 대한 스테이킹과 투표 등을 추적할 수 있게 돕는

기능 제공

- 물리적인 인프라(amazon, google) 및 기타 퍼블릭 클라우드 플랫폼의 노드 네트워크와 접목

- SaaSSoftware as a Service 제공

DATA
30

PART 3

블록체인이 낳은
데이터 소유권 증명 기술,
NFT

Chapter 1

디지털 소유권
증명 수단 NFT

"오픈씨에서 그림을 NFT로 민팅하는데 가스비가 너무 비싸."

A가 B에게 말했다. B는 A가 분명 한국어로 말했지만 무슨 뜻인지 도통 이해가 가지 않는다. 김 씨, 박 씨도 아닌 '오픈씨'는 대체 누구이며, 미팅도 아닌 민팅이라는 걸 하는데 뚱딴지처럼 난데없이 가스 연료 값이 왜 비싸다고 하는 것일까? NFT에 익숙한 사람이라면 이 말 뜻을 단번에 이해하겠지만 그렇지 않은 사람에게는 그저 낯선 외계어일 것이다. NFT 생태계에 대한 경험이 없으면 이해가 어려운 것이 당연하

다. (하지만 알고 보면 그리 어렵지 않다.) 먼저 A가 한 말을 차근차근 살펴보자. 오픈씨OpenSea는 세계 최대의 NFT 거래소의 이름이다. '대체 불가능한 토큰'인 NFT의 단어 마지막에 토큰이 붙었다고 서로 교환이 가능한 화폐 기능을 갖지는 않는다. 블록체인 파트에서 설명한 이더리움 블록체인 메인넷, 레이어 1에서 ERC-721 표준 프로토콜로 만들어졌기에 토큰이라는 단어가 붙은 것이다. NFT는 엄밀히 말하면 크립토커런시가 아니다. 디지털 콘텐츠에 고유한 일련번호인 토큰을 붙여 유일무이한 원본임을 증명하는 기술이자 소유권 증명 수단이고, 여기에는 블록체인이 핵심 기술로 작용한다.

민팅Minting은 (화폐를) 주조하다는 뜻의 영어Mint에서 파생된 단어로, 토큰이나 NFT를 발행한다는 의미를 갖는다. 마지막 가스비 역시 NFT를 발행할 때 발생하는 수수료다.

그럼 이제 A가 한 말을 정리해보자. 세계 최대 NFT 거래소 오픈씨에서 한 그림을 대체 불가능한 토큰 NFT로 발행(또는 구입)할 때 가스비와 같은 수수료가 비싸다는 푸념이다. 너도나도 한다는 NFT, 도대체 NFT가 무엇이길래 '억' 소리 나는 가치로 거래되며 전 세계를 빠르게 뒤흔든 것일까? 여기서 명심해야 할 것이 있다. 중요한 건 천정부지로 치솟은 NFT의 가격이 아니다. 블록체인 기술과 마찬가지로 NFT 탄생의 올바른 이해와 가치를 먼저 장착하고 출발해야 NFT 시장에 건강하게 접근하고 NFT 시장도 그만큼 성장할 수 있다. 한탕을 맛보려는 투자 개념으로만 성급하게 다가가면 아무리 좋은 기술이라 할지라도 빛을 보지 못하고 우리는 결국 세상을 바꿀 절호의 기회를 잃게 될 수 있다.

이 점을 깊이 새겨두고 이제 본격적으로 NFT에 대해 알아보자.

FT는 거래가 가능한 크립토커런시, NFT는 디지털 소유권 증명 수단!

NFT는 FT와 어떻게 다를까? FT vs NFT

2021년은 'NFT의 해'라 불릴 만큼 전 세계에 NFT 붐이 일었다. 대체 불가능한 토큰, NFT Non Fungible Token의 개념을 대체 가능한 토큰 FT Fungible Token와의 차이를 통해 정확히 알아보자.

먼저 '대체가 가능하다'는 뜻은 '같은 가치를 지녀 교환할 수 있다'는 것을 의미한다. 대체 가능한 토큰인 FT는 비트코인과 이더리움처럼 각각의 코인이나 토큰이 등가가 성립하는 것을 말한다. 1토큰은 100으로

	대체 가능 토큰 (FT, Fungible Token)	대체 불가능 토큰 (NFT, Non-Fungible Token)
가치 (Value)	등가 성립 토큰(100) = 토큰(100) = 토큰(100)	등가 불성립 토큰(110) ≠ 토큰(115) ≠ 토큰(200)
표준 (이더리움)	ERC-20	ERC-721
활용	교환이 가능하기 때문에 결제, 보상을 위한 거래 수단으로 사용	상호 대체가 불가능하기 때문에 디지털 영역에서 진위 여부, 디지털 소유권 증명 수단으로 활용
주요 코멘트	"비트코인과 이더리움은 상품이다." -미국 CFTC 위원장 * CFTC(Commodity Futures Trading Commission, 미국 상품거래위원회)	"NFT는 가상자산이 아니다. 가상자산 거래소 사업 범위에 포함되지 않는다" -일본 금융청

서로 가치가 같다. 동일한 가치가 성립되므로 1:1로 교환이 가능하며 결제, 보상 등 거래 수단으로 사용된다. 이더리움 기반의 FT는 ERC-20 표준 규약에 의해 발행된다. 여기서 ERCEthereum Request for Comment는 이더리움 블록체인 네트워크에서 발행되는 토큰의 표준규약을 말하고, 20이라는 숫자는 많은 프로토콜 중 20번째 프로토콜이라는 의미다. 2019년부터 미국 상품선물거래위원회 CFTCCommodity Futures Trading Commission는 대표적인 FT라 할 수 있는 비트코인과 이더리움을 선물옵션 거래 가능한 상품이라고 규정했다. 반면 NFT는 블록체인 기술을 활용해 그림, 사진, 음악 등 디지털 콘텐츠의 원본을 증명하는 기술이자 수단이다. NFT는 클릭 한 번이면 쉽게 복제되는 디지털 콘텐츠의 소유권 증명문제를 블록체인 기술로 해결했다. 그렇다고 모든 디지털 콘텐츠가 NFT가 될 수 있는 건 아니다. NFT는 희소성이 있고 대체가 불가능해서 각각의 콘텐츠가 고유성을 지닌 것을 말하며, 등가가 성립하지 않으므로 화폐와 같은 거래 수단 역할을 하지 못한다. NFT는 ERC-721 이더리움 표준 규약을 따르며 디지털 영역에서 진위 여부를 보증하는 소유권 증명 수단으로 활용된다. 일본 금융청은 NFT는 1:1로 교환할 수 있는 크립토커런시가 아니므로 가상자산 거래소 사업 범위에 포함되지 않는다고 발표했다.

정리하면 FT와 NFT의 가장 큰 차이점은 각각의 개별 토큰이 같은 가치가 성립돼 상호 교환이 가능한가에 대한 여부이다. 등가가 성립돼 상호 교환이 가능하면 FT, 희소성이 있고 등가가 성립되지 않으면 상호 교환이 불가능한 NFT다.

Chapter 2

NFT
성장 타임라인

<u>**NFT 시장은 크립토커런시 시장보다 더 빠른 속도로 급성장 중이다!**</u>

개발자가 아닌 아티스트에 의해 탄생! 최초의 NFT '퀀텀'

NFT 시장은 단시간에 성장한 가상자산 시장보다 더 빠른 속도로 급성장 중이다. 2021년 역시 세계는 물론 한국에서도 NFT 붐이 크게 일었다. NFT 열풍은 디지털 미술품이 고가로 거래되면서부터 시작되었다. 그 포문을 연 세계 최초의 NFT가 바로 2014년, 케빈 맥코이Kevin McCoy가 선보인 디지털 아트 작품 '퀀텀Quantum'이다. NFT는 개발자가 아

탄생

05 · 케빈 맥코이의 퀀텀(Quantum)
: 세계 최초로 발행된 NFT 작품

완전초기

06 · 라바랩스, 최초의 PFP NFT '크립토펑크' 출시
11 · 대퍼랩스, 최초의 NFT 게임 '크립토키티' 출시
12 · 세계 최대 NFT 거래소 '오픈씨' 오픈

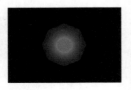

닌 예술가에 의해 세상 빛을 봤다는 점이 이색적이다. 이는 미술 산업
이 풀지 못한 고질적인 문제를 기술로 해결하고자 하는 예술가의 열정
과 진정성이 있었기에 가능했다. 뉴욕 대학교 예술학부 교수이자 디지
털 아티스트인 케빈 맥코이는 예술가로서 동시대의 도구 활용이 중요
하다고 생각했고, 예술가들이 자신의 디지털 작품을 자유롭게 판매하
고 이를 추적할 수 있게 하자는 취지로 개발자 애닐 대시Anil Dash와 함께

봄 확산

03 • 트위터 전 CEO 잭 도시의 첫 트윗이 약 6억 원에 판매
- • 비플의 《매일 : 첫 번째 5000일》약 840억 원에 판매
  생존 작가 중 작품 판매가 3위 기록
04 • 지루한 원숭이들의 요트클럽(BAYC) 전설의 시작
05 • 이세돌 vs 알파고 대국 NFT, 60ETH에 판매

가능성

01 • 오픈씨 기업가치 133억 달러, 데카콘 등극
- • BAYC의 크립토펑크 인수 & 자체 코인 발행
- • 우크라이나, 전쟁 자금 마련에 암호화폐와
  NFT 활용

여름~가을 춘추전국시대

07 • 윈소프 벤처스, 애플 스티브 잡스의 입사지원서
  원본 NFT 판매
08 • 세계 3대 박물관 '에르미타주', 다빈치, 고흐
  NFT 판매
09 • 비자, 크립토펑크 NFT 15만 달러에 구매
- • FTX의 샘 뱅크먼 프라이드 테스트용
  NFT 27만 달러 판매
- • 돌덩이 이미지 '이더록' NFT 260만 달러 판매
  -> 각종 플랫폼, 스포츠, 패션, 게임, 예술, 엔터테인
  먼트 등 모든 분야에서 NFT 발행과 거래 시작

겨울

11 • 영국 사전 출판사 콜린스 올해의 단어 'NFT' 선정
12 • 구글 'NFT' 검색량 '암호화폐' 추월
- • 오픈씨 연간 거래액 30조 원 돌파

출처: toss feed 'NFT 급성장 타임라인과 10가지 사건

5초짜리 디지털 아트 작품 퀀텀 NFT를 세계 최초로 발행했다

여기서 주목해야 할 점은 캐빈 멕코이가 2015년 이더리움 등장 전인 2014년 탈중앙화된 데이터 분산 저장 시스템 IPFS에 퀀텀을 저장했다는 점이다. IPFS는 InterPlanetary File System의 약자로 직역하면 '행성간의 파일 시스템'이다. 중앙 서버가 아닌 행성과 같은 PC들끼리 P2P 네트워크로 디지털 데이터를 공유할 수 있도록 고안된 파일 시스템이

바로 IPFS다.

　우리는 매번 인터넷을 사용할 때 HTTP를 접한다. 인터넷 브라우저 주소창에 네이버 도메인 www.naver.com을 입력하면 중앙 서버는 이 요청에 응답해 네이버 도메인과 연결된 IP 주소에 가서 데이터를 가져온다. 이를 통해 브라우저에 네이버 사이트가 나타난다. HTTPHypertext transfer protocol는 웹 서버와 사용자의 인터넷 브라우저 사이에 문서, 이미지, 영상 등 모든 데이터를 전송하기 위해 사용되는 통신 프로토콜이다. 웹사이트를 열 때 HTTP를 사용하자고 전 세계가 약속했고, 보안에 취약한 HTTP의 약점을 개선해 암호화와 인증 등의 구조를 추가한 것이 HTTPS다. HTTPS의 S는 안전하다는 secure의 앞 글자로, 통신 내용을 암호화해 보안을 강화한 것을 의미한다. 최근 대부분의 사이트는 바로 이 HTTPS를 사용한다. 그러나 아무리 보안이 개선됐다고 하지만 HTTP나 HTTPS는 모두 중앙집중형 서버가 반드시 존재한다. 이는 다시 말하면 중앙 서버에 문제가 생기거나 이를 관리하는 거대 기업이 독단적으로 서버를 막으면 데이터를 불러들일 수 없다는 뜻이다. 그야말로 세상이 한순간에 멈추게 되는 것이다. 생각만 해도 아찔한 일이다. 우리가 언제까지 이 중앙 서버에 의존해야 할까?

그래서 수많은 개발자들이 이 문제를 풀기 위해 많은 노력을 했고, 2014년 프로그래머 후안 베넷Juan Benet이 고안한 시스템이 바로 중앙화된 서버 없이 P2P 네트워크로 실현한 IPFS다. PC에 IPFS를 설치하면 내 하드 디스크가 IPFS 네트워크에 접속된다. 기존 비트토렌트BitTorrent, 이동키eDonkey 등 P2P 프로그램과 같은 방식이라고 이해하면 된다. IPFS는 P2P 네트워크에 접속하는 모든 참여자, 노드(Node)에 분산되는 방식으로 데이터를 저장하고 배포한다. 저장된 데이터는 작게 분할돼 여러 컴퓨터와 저장 공간 등에 분산되므로 데이터가 영구 보존되며 속도 또한 빠르다. IPFS 네트워크에 참여하면 내 스토리지, 내 하드 디스크도 IPFS 네트워크에 디스크로 할당돼 저장소를 제공하는 대가로 파일코인Filecoin이라는 보상도 받는다. 과거 P2P 프로그램은 내 하드 디스크에 음악, 영상 등의 폴더를 공개하고 네트워크 유저들에게 공유하면 다운로드 속도가 높아지는 보상을 받았다. 2018년, 중국의 블록체인 개발자 저스틴 선Justin Sun이 만든 가상자산 트론Tron이 비트토렌트를 인수하면서 비트토렌트 토큰 BTTBitTorrent Token를 발행했고 다운로드 속도 외에 토큰 보상을 제공했다. BTT는 업비트, 바이낸스 등 유명 가상자산 거래소에 상장된 토큰이다. 이제 파일 시스템 데이터 스토리지에 내 데이터를 공유해 많은 유저들이 이용했다면 이에 대한 보상을 토큰으로 받을 수 있다.

다시 돌아가, 케빈 맥코이는 디지털 아트 작품 퀀텀 데이터를 안전하고 지속 가능하게 저장하기 위해 중앙 서버가 관리하는 기존 웹이 아닌 바로 이 탈중앙화된 개방형 P2P 시스템 웹인 IPFS에 올렸다. IPFS는 분산형 파일 저장 시스템이기에 탈중앙화 특성에 따라 데이터의 유실 및 위·변조가 불가능하다는 특성을 활용해 NFT를 발행했다. 이후 퀀텀 NFT는 이더리움 블록체인으로 옮겨져 2021년 5월, 미국 뉴욕의 소더비 경매에서 147만 달러(한화 약 19억 원)에 낙찰됐다. IPFS는 중앙집중형 통신을 대체할 수 있는 분산형 웹으로 각광받고 있다. 백 마디 말보다 한 번 직접 해보는 것이 중요하다. ipfs.io에 접속해 직접 IPFS를 설치해 보고 행성 간의 파일 시스템을 뜻하는 IPFS 네트워크에서 탈중앙화된 분산형 파일 시스템을 직접 경험해 보기를 바란다. 앞으로의 웹은 바로 IPFS라는 우주 네트워크에서 이 행성에서 저 행성으로, 모든 행성이 데이터를 안정적으로 저장하고 배포하는 시대가 올 것이다.

Chapter 3

이제 NFT로
플렉스하다!

최초의 PFP NFT '크립토펑크'

캐나다 출신의 개발자 매트 홀Matt Hall과 존 왓킨슨John Watkinson이 미국에서 설립한 라바랩스Larva Labs는 2017년 PFPProFilePicture or Picture For Profile 프로젝트 시초라 불리는 크립토펑크Crypto Punk NFT 컬렉션을 선보였다. 크립토펑크는 가로 24, 세로 24픽셀의 픽셀아트 이미지로, 고유의 디자인을 가진 1만 개의 PFP가 이더리움 블록체인 기반의 NFT로 발행되었다. 남자, 여자, 좀비, 유인원, 외계인 등 5개의 캐릭터가 기본

에피소드 ① 2021년 6월. **7523번 크립토펑크**가 소더비 경매에서 1,175만 4,000달러(약 145억 원)에 팔리면서 대중적으로 알려짐

에피소드 ② 2021년 8월. 글로벌 카드 결제 사업자인 비자(Visa)가 **크립토펑크 #7610**을 14만 9,939달러(약 1.9억 원)에 구입

에피소드 ③ 톱스타 **제이지, 스눕 독, 세레나 윌리엄스, 로건 폴** 등도 크립토펑크 NFT 구입

출차: 크립토펑크

형태인데 발행 당시 1만 개 중 9,000개가 무료로 제공되는 등 가치를 인정받지 못했다. 하지만 아티스트가 죽고 나서 희소성이 더해져 작품 가치가 급상승하는 미술품처럼 크립토펑크는 단 1만 개만 발행된다는 희소성과 최초라는 기념비적 가치가 더해지면서 가격이 천정부지로 뛰어올랐고 전 세계에서 가장 비싸게 거래되며 NFT의 입지를 단단히 굳혔다.

NFT 소유자는 크립토펑크 PFP NFT를 일종의 VIP 패스로 여긴다. 특히 미국의 인기 테니스 스타 세레나 윌리엄스Serena Williams가 자신의 트위터 프로필 사진에 크립토펑크를 올리며 대중의 관심을 끌어 모았다. 이어 제이지JAY-Z, 스눕독Snoop Dogg 등과 같은 유명 셀럽들 역시 크립토펑크를 프로필 사진으로 사용하면서 관심을 촉발시켰다. 크립토펑크 NFT는 사람 모양의 픽셀아트이기에 SNS에서 프로필로 사용하기 좋으며, MZ 세대들이 자신의 아이덴티티를 과시하는 플렉스FLEX 수단

으로 급물살을 탔다. 이뿐만이 아니다. 2021년 6월, 7523번 크립토펑크 NFT가 소더비 경매에서 1,175만 4,000달러(한화 약 145억 원)에 팔렸다. 같은 해 8월에는 글로벌 카드 결제 사업자인 비자Visa가 크립토펑크 7610번을 14만 9,939달러(한화 약 1.9억 원)에 구입해 화제를 모았다. 크립토펑크 NFT는 최초의 PFP NFT 시장을 열었지만, 단순히 SNS 프로필 사진 용도로만 활용될 뿐 사용성의 한계는 분명했다. '억' 소리나는 PFP NFT를 구입했다는 플렉스, 딱 거기까지이다.

세계적인 붐을 일으킨 최초의 NFT 육성 서비스, '크립토키티'

2017년 12월, 캐나다 기반의 블록체인 게임 회사 대퍼랩스Dapper Labs가 선보인 크립토키티Crypto Kitties는 전 세계적으로 선풍적인 인기를 끈 최초의 NFT 서비스다. NFT로 만든 고양이를 수집해 사고파는 고양이 육성 서비스로, 일본 장난감 회사 '반다이'가 1996년 출시한 추억의 게임인 다마고치와 포켓몬고의 NFT 버전이라 할 수 있다. 사실 콘텐츠만 본다면 요즘 서비스에 비해 퀄리티가 다소 낮다. 하지만 크립토펑크처럼 한정 수량의 NFT 발행이 아니라, 교배를 뜻하는 브리딩breeding 시스템을 처음 시작했다는 점에서는 큰 의미를 지닌다.

크립토키티에서 첫 발행된 0세대 고양이 제네시스Genesis NFT는 같은 세대의 고양이와 교배하면 기존에 없던 새로운 1세대 고양이 NFT가 랜덤으로 생성된다. 1세대 고양이는 다시 1세대끼리 교배하면 새로운

출처: 크립토키티

- 고양이를 수집하고 키우는 서비스
- 고양이는 각각의 NFT이며, 고양이를 수집하면 교배를 통해 새로운 고양이 NFT 제작 가능
- 이후 고양이의 가치를 인정받으며 디지털 수집품 시장이 열림
- 사용자가 늘어 이더리움 블록체인이 크립토키티 때문에 제대로 동작하지 않는 사건도 발생할 정도로 선풍적인 인기를 끔

2세대가 등장한다. 이런 식으로 교배할 수 있는 방식으로 새로운 고양이 NFT가 계속 확장된다. 제네시스처럼 세대가 높을수록 가치는 크다. 하지만 낮은 세대에서도 희귀한 고양이가 랜덤으로 나오면 희소성이 더해져 새로운 가치가 생긴다. 이렇게 가치 창출과 소장 욕구를 불러일으키는 크립토키티로 인해 NFT 수집품 시장이 열렸고, 크립토키티 사용자 급증으로 이더리움 블록체인이 제대로 작동하지 않는 사건이 발생할 정도로 NFT 서비스 역사에 한 획을 그었다.

2017년 12월, 필자 역시 새로운 비즈니스 모델을 찾던 와중에 교배를 통해 새로운 NFT를 탄생시키는 크립토키티의 확장성에 아이디어를 얻어 본격적으로 NFT 시장에 뛰어 들었다. 게임 아이템이라는 NFT 사용처가 확실했고 그간 문제가 돼 온 게임 아이템 소유권이 비로소 사용자에게 넘어갔다. NFT 제네시스가 있고 사용자가 NFT를 구입해 새로운 2차 저작물을 만들었기에 NFT 소유권은 사용자에게 있어야 하고 이를 혁신이라고 봤다. 기존 게임 아이템은 사용자에게 소유권이 없다. 돈을 지불하고 쓰는데 단순한 사용권만 넘기는 것은 불합리하다.

당시 세계 최초이자 최대 규모의 NFT 마켓 플레이스 오픈씨의 등장도 NFT 사업화 결정에 큰 영향을 끼쳤다. 오픈씨는 20대 초반의 청년, 데빈 핀저Devin Finzer와 알렉스 아탈라Alex Atallah가 공동 창업했다. 필자 역시 게임 플랫폼 업계에서 오랜 경력을 쌓아 온 동료들과 함께라면 이들처럼 성공할 자신이 있었다. PC온라인, 모바일 그리고 블록체인 기반의 NFT 시장이 올 것이 확실히 보였고 2018년 NFT 개발에 올인하며 수많은 테스트를 거쳐 2019년 2월 말, 블록체인 기반의 게임 크립토도저Crypto Dozer를 출시했다. 2019년 11월, 유망한 스타트업을 발굴해 성장을 지원하는 삼성전자 C-Lab 아웃사이드에 선정되면서 NFT C2C 거래소 플레이댑 마켓플레이스의 글로벌 출시를 빠르게 준비했고 삼성과 함께 진행한 FGTFocus Group Test와 삼성의 ONE UI팀의 UI/UX 개선 덕분에 서비스를 고도화할 수 있었다.

NFT 상호운용의 성공 가능성을 검증한 크립토도저 & 도저버드

제1부에서 설명한 크립토도저와 도저버드 역시 NFT의 상호운용성을 증명한 첫 사례로 주목해 볼 만하다. 크립토도저와 도저버드는 플레

이댑이 진행한 프로젝트의 성과 측면에서 크게 세 가지를 들여다봐야 한다.

첫 번째는 NFT 기반 상호운용성이 크로스 프로모션 효과를 자아낸다는 점이다. 2019년 8월 출시된 플레이댑의 두 번째 게임 도저버드는 별도의 대규모 마케팅 없이도 빠른 시간 안에 이더리움 게임 부문 세계 1위를 차지했다. 그 이유는 도저버드가 앞서 3월에 출시돼 블록체인 게임 순위 사이트에서 최상위권을 유지한 크립토도저의 아이템 및 캐릭터와 연계된 게임이었기 때문이다. 첫 번째 게임인 크립토도저가 출시일 기준 댑 랭킹이 18위였고, 최초 1위 달성에 걸린 시간은 127일이었다. 이에 반해 두 번째 게임인 도저버드는 최초 출시 일에 랭킹 7위로 시작했고 출시 14일 만에 1위를 달성하는 급격한 성장세를 보였다. 9월 중순에는 주요 순위 사이트에서 이더리움 부분 1, 2위를 두 게임이 나

도저버드 출시 일주일 후, 도저버드 결제자 중 크립토도저 접속 이력이 있는 유저 비율

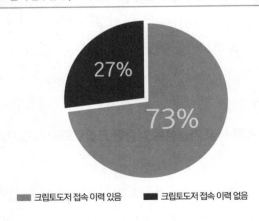

27%

73%

■ 크립토도저 접속 이력 있음　　■ 크립토도저 접속 이력 없음

출차: 플레이댑

란히 차지하는 기록을 내기도 했다. 이는 게임 간 아이템의 높은 상호
운용성이 교차 프로모션 성과를 불러온다는 결과로 해석할 수 있다.

또 도저버드는 출시 일주일 후 도저버드 인앱 결제자 중 크립토도저
플레이 이력이 있던 유저의 비율이 약 73%를 차지했다. 여기에는 크립

크립토도저 출시 전후 일주일 주요 지표

도저버드 출시(2019. 9. 29.) 전후 일주일간 크립토도저 신규 유저 유입량

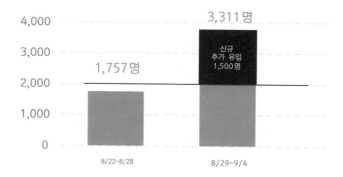

도저버드 출시 전후 일주일간 크립토도저 플레이 시간

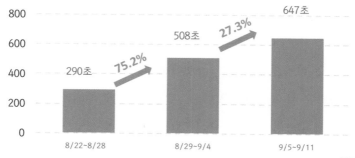

출처: 플레이댑

토도저 유저를 대상으로 한 도저버드 런칭 광고 효과도 작용했다. 하지만 도저버드의 결제자 중 크립토도저 접속자 비율이 높았던 가장 큰 이유는 따로 있다. 이는 크립토도저에 충성도가 높은 유저들이 도저버드 플레이를 통해 크립토도저에서 사용 가능한 게임 아이템을 획득할 수 있었던 것으로, 유저들이 NFT 아이템을 통한 상호운용으로 얻는 편익을 인지한 계기가 됨을 알게 해준 지표라고 할 수 있다.

두 번째는 NFT 기반의 상호운용성이 제품(게임) 플레이 시간과 수명 주기를 증가시킨다는 점이다. 2019년 8월 29일, 도저버드 출시 전후로 크립토도저의 평균 체류 시간(플레이타임)이 출시 직전 주와 비교해 75.2% 증가했다. 유저들은 도저버드에서 얻은 키를 크립토도저에서 인형 획득을 위한 상자 오픈 도구로 사용했고 NFT 아이템 간의 선순환 구조를 완성했다. 이런 게임의 상호운용성은 단순한 캐주얼 게임 방식인 크립토도저와 도저버드에 한층 높은 목적성을 더했으며, 게임 플레이 시간을 증가시키고 나아가 제품(게임) 수명 주기Product Life Cycle를 늘리는 데 일조하였다.

세 번째는 플레이댑 C2C 마켓플레이스를 통한 매출 증가 및 새로운 비즈니스 모델의 발견 가능성이다. 플레이댑은 2020년 5월 20일 플레이댑 C2C 마켓플레이스 베타 버전을 선보였다. 이후 파트너사 협업 게임 출시로 콘텐츠를 확장했다. 마켓에서 발생하는 NFT 거래 수수료는 개발사들과 블록체인 네트워크를 통해 투명하게 분배돼 개발사들의 매출 증대를 돕는다. 예를 들어 아이템의 거래로 발생하는 수익은 유저가 70%, 개발사가 21~27%, 플레이댑 마켓플레이스에서 3~9%로 각

각 나눈다. 최대 97%의 수익이 유저와 개발사에게 온전히 돌아가게 된 것이다. 이런 아이템 거래 판매 수익은 기존에 없었던 새로운 방식의 수익 모델로, 개발사와 유저에게 게임 개발 및 플레이 동기를 북돋워 게임 생태계 확장에 큰 도움을 줄 것이라 확신한다. 앞으로 콘텐츠가 확장되면서 유입되는 유저들 역시 플레이댑에서 게임 간 연계된 크로스 프로모션과 C2C 거래, 아이템 가치 증대 등을 새롭게 경험하면서 새로운 수익 및 신규 비즈니스 기회 창출에 기여할 수 있을 것이라 기대한다.

미국 특허청에 등록된 나이키의 NFT 특허

2019년 12월 10일, 나이키는 NFT를 활용해 진품과 모조품을 판별할 수 있는 블록체인 운동화 크립토킥스CryptoKicks에 대해 미국 특허청으로부터 기술 특허를 취득했다. 나이키는 크립토킥스CryptoKicks 시스템을 통해 수집가 및 마니아에게 NFT 증명을 부여함으로써 운동화를 안심하고 구매 및 수집할 수 있도록 한 것이다. 여기에는 가상 신발을 양육Breed할 수 있는 기능도 더해졌다. 소유자는 디지털 신발을 키우거나 다른 디지털 신발과 섞어 나만의 새로운 커스텀 신발을 만들 수 있다. 세상에 하나뿐인 커스텀 신발을 나이키 제조 규격에 맞춰 주문 생산하는 것도 가능하게 될 것이다.

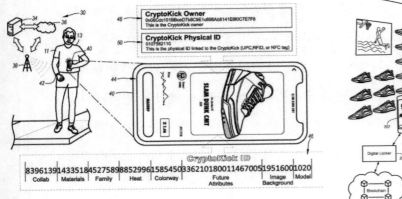

NFT 기반 카드 수집 게임, NBA 탑 샷

　NBA 탑 샷TOP SHOT NFT는 농구의 신이라 불리는 마이클 조던의 멋진 덩크슛, 코비 브라이언트의 현란한 드리블, 스테판 커리의 3점슛 등 NBA 경기 일부 장면과 농구 선수 카드 등을 NFT로 발행한 프로젝트이다. NBA의 팬이라면 유명 선수의 경기 명장면을 NFT로 소유하고 싶어하며, 이런 팬심을 담은 것이 바로 NBA 탑 샷 NFT다. NBA 탑 샷은 POSProof of Stake, 즉 지분 증명 합의 알고리즘이 구현된 NFT서비스이다. 10~15초 분량의 농구 쇼 영상이 수천억에 팔렸다. 농구 황제 마이클 조던과 브루클린 네츠의 에이스 포워드, 케빈 듀란트 등 NBA 스타들이 NBA 탑 샷 NFT를 발행하는 대퍼랩스에 투자했다고 알려지면서 큰 관심을 받았다. 하지만 NBA 탑 샷 NFT 역시 유틸리티 문제에 직면

- 유명 NBA 선수들의 명장면을 NFT 카드로 발행
- 희소가치가 높은 카드일수록 비싼 값에 거래
- 농구의 신이라 불리는 마이클 조던의 멋진 덩크슛, 코비 브라이언트의 현란한 드리블, 스테판 커리의 3점슛이 유명

출처: NBA 탑 샷

했다. NBA 탑 샷 NFT로 그 시대의 생생한 추억과 희소성이라는 가치를 얻었지만 막상 사용처가 없다. 그저 소유의 경험으로 끝이 난다. 희소성이 높은 카드일수록 더 비싼 값이 거래되지만 이 역시 소장용일 뿐이다. NFT는 소장 가치의 경험을 넘어 실제 사용돼야 진정한 가치, 생명력을 얻는다.

디지털 작품 역사상 최고가 기록, 비플의 〈매일: 첫 번째 5000일〉

2021년 3월, 디지털 아티스트 비플Beeple이라는 작가명으로 활동하는 마이크 윈켈만Mike Winkelmann의 NFT 작품 '매일: 첫 번째 5000일(Everydays: The First 5000 Day)'이 세계적인 미술품 경매 회사 크리스티

Christie's에서 6,930만 달러(한화 약 870억 원)에 낙찰되며 디지털 작품 역사상 최고가를 경신했다. 이뿐만이 아니다. 전 세계 미술사에서도 생존 작가 중 단일 작품 판매가 3위에도 이름을 올렸다. 생존 작가 단일 작품 판매가 1위는 미국 팝 아트 거장 제프 쿤스Jeff Koons의 '토끼'가 9,110만 달러(한화 약 1,154억 원), 2위는 데이비드 호크니David Hockney의 '예술가의 초상'이 9,030만 달러(한화 약 1,144억 원)이다.

많은 이들이 비플Beeple의 '매일: 첫 번째 5000일' 작품이 고평가되었다고 하지만, 필자 생각은 좀 다르다. 컴퓨터 공학도 출신의 웹디자이너 비플은 매일 새로운 디지털 그림 한 점씩을 그리기로 다짐하고 하루도 빠짐없이 자신과의 약속을 지키며 5,000점 그림 그리기 도전에 성공했다. 주요 테마는 첨단 기술 시대의 저항 문화를 다룬 사이버펑크Cyber Punk다. 꾸준함과 성실함으로 완성한 5,000점의 그림을 하나로 묶어 NFT화 것이다. 마치 5,000점의 작품을 얻은 것과 같기에 최고가를 기록했다고 생각한다. 이로 인해 기존 보수적인 미술 시장에 지각 변동이 일어났고 본격적으로 NFT 열풍이 불어 닥치며 NFT 성장에 불을 지폈다.

NFT 확장 가능성을 보여주다! 최초의 트윗 캡처

2021년 3월, 트위터의 창업자 잭 도시Jack Dorsey의 첫 트위터 캡처 NFT는 NFT 확장 가능성을 보여 준 대표적인 사례다. '방금 내 트위터 설정 완료(just setting up my twttr)'라는 일명 제네시스 트위터 NFT는 밸류어블Valuables에서 290만 달러(한화 약 36억 원)에 이란의 가상자산 기업인 시나 에스타비Sina Estavi에게 팔리며 큰 화제를 불러 모았다. 밸류어

jack ⚡ ✔
@jack

just setting up my twttr
5:50 AM · Mar 22, 2006   ⓘ

♡ 177.9K   💬 Reply   ⬆ Share

Read 10.4K replies

출처: 잭 도시 트위터

블은 진본 여부가 검증된 트윗을 사고 팔 수 있는 NFT 거래소다. 일론 머스크의 트윗도 NFT로 발행했다. 잭 도시는 경매 수익금 전액을 비트코인으로 환전 후 아프리카 구호 단체 기브 다이렉틀리Give Directly에 기부하며 훈훈하게 마무리됐다. 그러나 1년이 지난 2022년 4월, 잭 도시의 첫 트위터 캡처 NFT가 다시 경매에 등장했을 때는 1만 달러(한화 약 1,200만 원)라는 낮은 입찰가를 받으며 단일 NFT의 급격한 가격 변동성을 보여줬다. 이는 대체 불가능한 가치를 지닌 NFT라 할지라도 어떤 가치와 유용성을 지니는가가 중요하다는 것을 다시 한번 일깨워주는 사례다.

Chapter 4

지금도 진화 중인
가장 힙한 NFT

"NFT 최초로 소유자에게 상업적 권리 부여,
생명력을 가지고 무한히 확장 가능한 NFT 생태계를 만들다!"

Bored Ape Yacht Club(이하 BAYC), 우리말로 '지루한 원숭이들의
요트 클럽'이란 뜻의 BAYC가 NFT계의 디즈니Disney라 불리는 이유가
있다. 바로 경제성과 화제성, 그리고 확장 가능성을 두고 봤을 때 디즈
니를 뛰어 넘는 IP Intellectual Property(지적재산권)로 성장할 것이라 평가받
기 때문이다. 2021년 4월, 유가랩스YugaLabs는 당시 가상자산 투자자들

NFT 경제성과 확장 가능성을 보여준 '지루한 원숭이들의 요트 클럽(BAYC, Bored Ape Yacht Club)'

출처: BAYC

을 비하하는 별명인 원숭이를 위트 있게 활용해 각각의 고유한 특성을 지닌 원숭이 PFP NFT 1만 개를 발행했다. BAYC가 설정한 세계관은 이렇다. 가상자산 투자로 막대한 부를 얻어 모든 것이 지루해진 원숭이들은 늪에 아지트를 만들어 숨어버렸다. 그곳이 바로 그들만의 비밀 사교클럽인 '지루한 원숭이들의 요트 클럽'이다. 유가랩스는 이 스토리처럼 BAYC가 단순 프로필용 NFT가 아닌 결속력이 높은 커뮤니티로 성장하는 큰 그림을 그렸고 이를 위해 다른 NFT 프로젝트들과 차별화된 멤버십 서비스와 혜택을 내세웠다. 결과는 성공적이었다. 2021년 5월 1일, BAYC 발행 1달여 만에 1만 개 NFT가 완판되는 기록을 세웠다.

BAYC NFT 소유자는 곧 BAYC 클럽 멤버를 뜻한다. BAYC 소유자

블록체인과 데이터 3.0

구분	세계관 공유 소속감 커뮤니티	커뮤니티 주도 수익화 및 공유	지적재산권 인정/개별 수익화
주요내용	암호화폐 급상승으로 부자가 되어버린, 그래서 세상의 모든 것에 지루해져버린 원숭이들의 커뮤니티 멤버십	BAKC NFT (1만 개 강아지 에어드랍) MAYC(1만 개 유저 대상 에어드랍 / 1만 개 3ETH 판매)로 멤버 최소 22ETH 보상 받음	소유한 BAYC NFT를 활용 자유롭게 활용 가능 - 밴드 그룹의 표지에 멤버 소개 - 아디다스 BAYC 캐릭터 구매, 홍보 모델로 활용
멤버혜택	프로필 활용 과시, 유명인·멤버만 참여 가능한 온·오프라인 파티 개최, 15분에 한 번씩 1픽셀 그릴 수 있는 '더 배쓰룸'	신규 확장 NFT 에어드랍 멤버 대상 수익화 오프라인 행사 멤버만 보상 주는 P2E 게임	와인/제품/소설 등에 일러스트 사용 비멤버 대상 온·오프라인 홍보 하위 NFT 판매 및 세계관 확장

출처: BAYC

들에게 처음으로 제공한 서비스는 일종의 협업 아트 캔버스라 불리는 '화장실The Bathroom' 공간이다. 이 화장실은 BACY NFT 소유자들만 입장해 15분에 1번, 1픽셀씩 자유롭게 낙서할 수 있다. 유가랩스는 이 낙서 작품 또한 NFT로 연결했다. 기껏 화장실에 낙서하기가 멤버십 혜택이냐고 반문할 수 있다. 당연하다. 하지만 유가랩스는 BAYC NFT 소유자들이 자발적으로 모여 각자의 흔적을 남기며 그림을 완성하는 행위 자체가 끈끈한 정서적 유대감을 형성할 것이라고 봤고 그 예상은 적중했다. NFT 소유자 역시 별거 아닌 낙서지만, 이 낙서를 할 수 있다는 특별한 권한과 블록체인에 영구적으로 기록되는 BAYC 협업 작품을 완성하는데 기여했다는 소속감을 불러일으켰다.

이런 독특한 커뮤니티의 매력으로 많은 사람들이 BAYC NFT를 구매하길 원하고, 2~3억 원대 수준으로 NFT 가격이 급상승했다. 특히

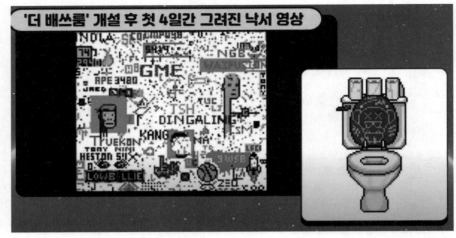

미국의 힙합 아이콘 에미넴Eminem부터 마돈나Madonna, 저스틴 비버Justin Bieber, NBA 슈퍼스타 스테판 커리Stephen Curry 등의 셀럽들이 BAYC NFT 홀더라 알려지면서 BAYC 커뮤니티에 대한 관심은 더욱 뜨겁게 달아올랐다. 또 BAYC는 여러 분야의 아티스트는 물론 패션 브랜드와의 협업으로 이목을 끌며 가치를 높였다. 대표적으로 아디다스가 '메타버스 속으로Into the Metaverse'라는 프로젝트로 BAYC와 한정판 NFT를 판매하면서 본격적으로 디지털과 실물 경제를 연결시켰다.

BAYC NFT를 주목해야 하는 이유는 희소성의 가치를 넘어 확장성을 입증하며 앞으로 NFT 시장이 나아가야 할 미래를 보여줬다는 점이다. 이것이 바로 NFT의 혁신이라 볼 수 있다. 유가랩스는 그저 그들만의 세계를 만들어 재미있게 놀아보자는 생각이었다.

미국은 월급제가 아닌 주급제가 많다. 매주 금요일 주급을 받아 주말에 실컷 노는 젊은 층의 놀이 문화가 반영된 점도 유가랩스를 성공시킨 요인이다. 예를 들어 마치 플래시몹(Flash Mob, 정해진 시간과 장소에 모여 짧은 시간 동안 주어진 행동을 하고 곧바로 흩어지는 행위)하듯 클럽을 통째로 빌려 BAYC 커뮤니티 멤버들을 초대해 파티를 즐긴다. BAYC NFT는 바로 이 파티에 무료로 들어갈 수 있는 입장권이며, 이 BAYC 프로젝트의 문화는 전 세계를 빠르게 강타했다.

무엇보다 BAYC는 기존에 NFT 업계가 걸어온 길을 걷지 않았다. 그동안 PFP NFT 프로젝트는 소유자에게 단지 소유권만 허용했다. 소장 목적 외에는 단순히 SNS 프로필 사진 정도로만 사용이 한정됐다. BAYC는 노는 물이 다른 커뮤니티답게 이 관행을 과감히 깨고 NFT 소유자에게 업계 최초로 상업적 권리를 제공했다. BAYC NFT를 구입하면 소유권과 저작권이 함께 넘어오는 최초의 사례다. 소유자는 각자의 BAYC NFT에 번뜩이는 아이디어를 더해 여러 파생 프로젝트를 끊임없이 생산하고 부가 사업 소득도 얻었다. 실제 현실에 NFT가 연결돼 부가 사업을 할 수 있는 판로가 개척됐으며, BAYC는 NFT 시장의 급성장을 이끈 견인차 역할을 했다.

이렇게 남다른 행보를 걸어온 유가랩스는 2022년 3월, 개발사 라바 랩스를 인수하며 PFP NFT의 시초 격인 크립토펑크와 NBA 탑 샷으로 몸집을 키워 나갔다. 같은 달, 메타(전 페이스북) 트위터, 에어비앤비, 스트라이프 등을 초기에 발굴한 글로벌 벤처캐피털 앤드리슨 호로위츠 Andreessen Horowitz의 주도로 4억 5천만 달러(한화 약 5,694억 원)를 투자 받았다. 당시 기업 가치는 40억 달러(한화 약 5조 원)로 평가받았다.

2022년 4월, 유가랩스는 애니모카 브랜드와 공동 개발한 메타버스 게임 프로젝트 아더사이드Otherside를 출시해 비즈니스 영역을 한층 더 넓히고 있다. 2022년 하반기, 국내에도 BAYC 카페가 오픈한다는 소식이 들려왔다. BAYC 카페는 뉴욕에서 먼저 팝업스토어 형식으로 운영됐다가 큰 인기를 얻으면서 정식 카페로 자리잡은 성공 사례가 있다. BAYC란 콘셉트로 문을 연 두 카페는 NFT 개발사인 유가랩스가 운영하는 곳이 아니다. BAYC NFT 홀더가 부여받은 상업적 권리를 이용해 새로 만든 BAYC 파생 프로젝트의 하나다. 한국 전광판에서 보이는 BAYC도 유가랩스 광고가 아니다. 개인 혹은 법인 회사가 BAYC NFT를 구입해 이를 상품화한 것이다. 이렇게 BAYC NFT 프로젝트는 광고부터 와인, 책, 그리고 BAYC 세계관을 연결시킨 또 다른 NFT 등 홀더들에 의해 2차, 3차 상품들로 무한히 확장되고 있다.

NFT 열풍과 함께 성장한 세계 최대 NFT 거래소 오픈씨

글로벌 블록체인 시장조사 분석업체 댑레이더DappRadar는 2021년 전 세계 NFT 거래액은 250억 달러(한화 약 30조 원)로 2020년 거래액 9,490만 달러(한화 약 1,130억 원)보다 260배 이상 늘어났다고 발표했다. 이런 NFT 호황을 기반으로 성장한 기업이 오픈씨OpenSee다. 글로벌 유명 투자사들도 급성장하는 NFT 관련 기업에 앞다퉈 투자에 나섰고 가장 대표적인 NFT 거래소인 오픈씨를 주목했다.

2017년 12월 서비스를 시작한 오픈씨는 4년만인 2021년 6월에 기업 가치 15억 달러(약 1조 8천억 원)를 인정받으며 유니콘 기업이 됐으며, NFT 열풍에 힘입어 2022년 1월, 기업가치를 약 133억 달러(한화 약 16조 원)으로 평가 받으며 단숨에 데카콘(기업가치 100억 달러 이상 스타트업)으로 우뚝 섰다.

오픈씨의 창업자 데빈 핀저는 최초의 NFT 게임인 크립토키티에서 NFT 거래소의 성공 가능성을 확신했다. 크립토키티 NFT 홀더들의 거래는 날이 갈수록 증가했지만 이 거래를 공인해 줄 플랫폼이 없었기에 세계 최초 NFT 거래소를 선보여 세계 1위 NFT 마켓플레이스로 성장했다.

사용자는 오픈씨에서 모든 유형의 NFT를 사고 팔 수 있고, NFT 이름부터 판매 수량, 가격, 기간, 판매 방식 등을 자유롭게 설정할 수 있다. 이에 대해 오픈씨는 NFT 거래 시 2.5% 수수료를 받는다. 포브스에 따르면 오픈씨 최고경영자 데빈 핀저와 알렉스 아탈라가 오픈씨의 지분을 약 18.5%씩 갖고 있으며, 이들의 보유 재산은 약 22억 달러(한화 약

오픈씨 최고경영자 데빈 핀저와 알렉스 아탈라

2조6천억 원)에 이른다고 추산하며 최초의 NFT 억만장자가 탄생했다고 전했다. 오픈씨에 대한 여러 이슈는 많지만 1990년생인 청년이 NFT 붐이라는 시대 흐름을 영민하게 잘 타서 비즈니스를 성공시켰다는 것은 놀라운 일이다.

NFT 시장의 새로운 블루칩, 아주키

아주키AZUKI는 글로벌 슈팅 게임 오버워치Overwatch의 아트 디렉터와 구글과 페이스북에서 엔지니어로 근무한 개발자 등 4명의 핵심 멤버가 한 팀을 이뤄 만든 NFT 프로젝트이다. 이들은 유가랩스처럼 회사를 설립하지도, 직접 만나서 NFT 비즈니스를 구상하지도 않고 오직 온라인으로만 아주키 프로젝트를 완성했다. 아주키는 유명 게임 회사의 아트 디렉터가 만든 캐릭터답게 단번에 소유욕과 팬심을 불러일으킬 정도로 그림 완성도가 높다. 게임 캐릭터를 연상시키는 디자인 또한 새로운 게임 출시에 대한 기대감을 높였다. 아주키 NFT와 파생 NFT는 2022년 1월 12일, 오픈씨에서 첫 판매를 시작했고 중심에 있는 유가랩스의 BAYC를 빠르게 제치며 출시 2주 만에 1, 2위 자리를 나란히 차지했다. 아주키 #9605 NFT는 약 140만 달러(한화 약 18억2,700만 원)에 거래됐고 기존 NFT 시장에 돌풍을 일으키며 빠르게 떠올랐다.

아주키 NFT는 '정원The Garden'이라는 고유 메타버스에 입장할 수 있는 멤버십 티켓으로 사용된다. 아주키의 정원은 커뮤니티에 의해 함께

출차: 아주키

Top NFTs

The top NFTs on OpenSea, ranked by volume, floor price and other statistics.

Last 7 days ⌄ ⌗ All categories ⌄ ⬡ All chains ⌄

	Collection	Volume ▾	24h %	7d %	Floor Price	Owners	Items
1	Azuki	♦ 25,067.73	-53.89%	+74.84%	♦ 27.77	5.5K	10.0K
2	BEANZ Official	♦ 15,511.68	-65.59%	---	♦ 5	6.5K	19.9K
3	CLONE X − X TAKASHI MURAKAMI	♦ 13,988.82	-78.77%	+265.24%	♦ 19	8.9K	19.2K
4	KIWAMI Genesis	♦ 10,469.56	-67.41%	+428.67%	♦ 0.79	4.7K	10.0K
5	Bored Ape Yacht Club	♦ 7,820.32	+67.32%	-37.25%	♦ 110.9	6.4K	10.0K
6	Mutant Ape Yacht Club	♦ 7,315.03	+67.74%	-30.53%	♦ 24.85	12.3K	18.6K
7	Arcade Land	♦ 6,847.96	-26.73%	---	♦ 0.65	5.5K	10.0K

출차: 오픈씨

만들어가는 탈중앙화된 메타버스이다. 무엇보다 아주키는 기존과는 다른 3단계 NFT 판매 방식을 새롭게 시도했다는 점이 돋보인다. 먼저 1단계는 네덜란드 꽃 시장 경매에서 유래한 더치Dutch 판매, 즉 역경매를 잘 이용했다. 더치 판매는 꽃이나 농수산물과 같이 시간이 흐를수록 값어치가 떨어지는 상품을 팔 때 유리하다.

NFT도 마찬가지다. 낮은 값에서부터 올라가는 것이 아니라 최고가부터 시작해 점점 가격을 낮춰가며 역경매했고 3분 만에 경매가 마감됐다. 아주키는 커뮤니티 구성원 중 일부를 선별해 NFT를 민팅할 수 있는 권리를 부여하는 화이트리스트Whitelist 방식을 따르지 않았다. 진정한 화이트리스트인지가 불분명해 신뢰를 주기 어렵다는 판단에서이다. 대신 2단계로 커뮤니티 활성화에 기여한 상위 유저에게 공개 판매하는 민트리스트Mintlist 방식을 채택했다. 마지막 3단계가 공개 판매로 입소문을 극대화하는 방식이다. 또 이더리움에서 발행하는 NFT의 표준 규약인 ERC-721의 비싼 가스비 문제를 해결하기 위해 ERC-721A라는 새로운 NFT 규격을 최초로 공개해 차별화를 앞세웠다. ERC-721A는 아직 표준은 아니지만, 다수의 NFT를 묶음으로 한 번에 발행할 수 있어 가스비 부담을 줄일 수 있다.

Chapter 5

NFT의 가치와 확장성

NFT 가격을 결정짓는 요소

NFT 가격을 결정짓는 요소는 여러 가지가 있다. 우선 희소성이다. 7,777~10,000개 한정 수량으로 NFT가 발행되며 이에 따라 희소성 가치가 높아진다. 이 외에도 해당 NFT의 SNS 팔로워 수와 커뮤니티 플랫폼 디스코드Discord 멤버 수, 관심을 끌만한 개발자 로드맵과 그 로드맵을 관리 및 지속시킬 수 있는 개발자 역량, 그리고 NFT 소유자가 적극적으로 참여할 수 있는 다양한 즐길 거리와 경제적 보상 등이 NFT 가격

NFT 가격 결정 요소	설명
적정수의 최초 발행 NFT	7,777개 ~1만 개(다수가 혜택을 누리며 희소성 있는 수량)
SNS 팔로워 수	약 1~1.5만 명 이상의 트위터 팔로워
디스코드 방 멤버 수	약 2~5만 명의 디스코드 인원
디스코드 활성화 정도	커뮤니티 이벤트 즐길 거리 / 활성화 유저
개발자 로드맵	매력적인 로드맵 및 일정, 계획 준수
개발자 역량	해당 로드맵을 지킬 수 있는 역량 가능성
매력 있는 콘텐츠 & 이벤트	이목을 끄는 힙한 디자인과 재미있는 콘텐츠들
유명 후원자(backer)	유명한 투자자가 인정한 프로젝트로 포지셔닝
운영진과 커뮤니티 적극성	NFT 판매 이후, 운영진의 적극적인 커뮤니티 활동
NFT 활용한 추가 수익 및 확장성	확장 NFT 발행 판매, IP 활용 등
다이아몬드 핸드 NFT 보유자	절대 NFT 팔지 않는 플랫폼 신봉자

결정에 영향을 준다. 제일 중요한 것은 바로 다이아몬드 핸드Diamond Hand(장기 투자자) NFT 소유자다. 단기 투자의 목적이 아닌 진정한 팬심을 바탕으로 한 다이아몬드 핸드들은 매도를 하지 않는다. 다이아몬드 핸드 NFT 소유자들이 NFT 프로젝트를 지탱하는 중요한 역할을 하며 이들이 많으면 많을수록 추가적인 커뮤니티 확장을 이끌고 NFT 가치가 높아진다.

성급한 투자 대신 사용성과 확장성 관점으로 NFT 바라보기

NFT는 소유권에 대한 증명 수단이다. 기존 레거시 시스템에서 풀지 못한 문제를 기술적으로 해결할 수 있는 솔루션이기에 의미가 크다. 단, 투자 관점으로만 접근해서는 안 된다. NFT는 미래를 변화시킬 핵심 기술이고 이를 잘 활용해야 한다. 전통 회사들에게는 팬덤, 브랜드를 지지하는 커뮤니티가 중요하다. 그러기에 너도나도 NFT 비즈니스 시장에 뛰어드는 것이고 이런 팬덤으로 부를 축적한 신흥부호들이 실제 많이 생겨나고 있다. 결국 NFT는 사용처가 많으면 많을수록 이길 수밖에 없는 구조다. 최근 국내 금고 전문 기업도 NFT 기술을 본격적으로 도입하며 NFT 확장성을 빠르게 보여주고 있다.

블록체인과 데이터 3.0

PART 4

개인 간의
NFT 데이터 거래소,
마켓플레이스

Chapter 1

데이터 3.0의
핵심 매개체
'NFT 마켓플레이스'

데이터 3.0의 핵심 매개체 역할을 할 'NFT 마켓플레이스'

유튜브, 인스타그램과 같이 데이터 2.0 시대를 주도한 SNS 플랫폼은 대중에게 연예인만큼이나 큰 영향력을 행사하는 인플루언서Influencer와 크리에이터Creator라는 새로운 직업군을 탄생시켰다. 모바일이 매스미디어 역할을 담당하면서 생긴 사회 변화다. 데이터 소유권이 본격적으로 사용자에게 넘어오는 데이터 3.0 시대는 NFT 마켓플레이스가 중앙화된 SNS 플랫폼과 앱스토어를 대신하며 NFT 관련 인플루언서, 혹은 네이버 블로그의 파워블로거와 같이 특정 NFT의 전문 지식을 갖춘 'NFTer'가 중추적인 역할을 한다. 블록체인 기술로 사용자도 수익을 낼 수 있는 프로토콜 경제 기반이 마련됐고 이 중심에 데이터 가치 이동의 기록 확인을 투명하게 할 수 있는 NFT가 자리하기 때문이다.

데이터 2.0 성장의 뼈대가 된 모바일 발전은 앱스토어라는 새로운 콘텐츠 오픈마켓 시대를 열었다. 자본력이 부족한 개발자도 넓은 세계 시장에서 판로를 확보할 수 있는 기회의 땅이 됐다. 개발자뿐만이 아니다. 창의적인 아이디어로 앱을 개발한 사용자에게도 신대륙이었다. 2009년 당시 고등학생이었던 유주완(넥플릭스 시니어 소프트웨어 엔지니어) 씨는 서울시의 공공 데이터베이스를 활용해 버스 도착 시간을 편하게 확인할 수 있는 '서울버스' 앱을 애플 앱스토어에 출시했고 아이폰 최고의 인기 앱으로 크게 부상했다. 이런 사례가 NFT 시장에서도 분명 일어나리라고 본다.

데이터 3.0 시대의 공공 데이터베이스는 블록체인에 기록되면 누구나 열어볼 수 있는 NFT가 그 역할을 하고 실생활에 필요한 다양한 사용성을 장착한 NFT 서비스가 혁신을 일으킬 것이다. 기존 플랫폼 기업만 독점하던 기술과 데이터는 모두 오픈 소스가 되며, 사용자 누구나 활용이 가능하다. 그러면 데이터 주도권은 사용자에게 넘어오고 우리가 지금껏 상상하지 못한 재미난 일들이 NFT 분야에서 일어날 수 있다.

NFT가 발행되고 거래되는 NFT 마켓플레이스는 데이터 2.0 시대의 앱스토어와 비슷하다. NFT 마켓플레이스는 지금 우리의 온라인마켓처럼 종합 오픈마켓에서 점점 더 특성과 전문성을 갖춘 큐레이션 마켓으로 성장한다. 여러 산업이 지닌 고질적 문제를 풀 수 있는 블록체인이라는 신기술이 등장했지만 결국 이 기술 또한 과거 PC온라인과 모바일 시대처럼 사용성이 우선시돼야 일상에 제대로 자리잡는다. 데이터 3.0은 파괴적인 혁신이 아닌 조화로운 혁신을 추구한다. 그래서 기존 대중이 지닌 패턴을 무시하지 못한다. NFT 마켓플레이스 시장도 기존의 데이터 2.0의 UX-UI(User Experience-User Interface, 사용자 환경-사용자 인터페이스)와 같은 소비 패턴이 녹아들어가야 하는 이유다.

NFT는 데이터 3.0의 핵심 데이터!

중앙화된 데이터베이스가 해결하지 못한 문제는 블록체인 기술로 풀 수 있다. 특히 NFT의 등장은 데이터 소유권을 증명할 수 있게 되면서 또 다른 편의성과 즐거움을 제공하고 온라인상의 데이터 소실 걱정도 덜게 되었다. 블록체인 데이터베이스에 거래 기록이 투명하고 공정하게 저장돼 사회 구성원 간의 신뢰도 높인다. 또 하나의 핵심은 바로 경제 시스템이다. 사용자가 특정 플랫폼에서 남긴 활동 데이터가 정확한 경제적 보상으로 이어지고 다른 플랫폼과도 연동돼 데이터의 가치도 확장된다. 이렇게 우리의 일상 기록들, 즉 로그 데이터가 NFT로 블록체인에 저장되면 그 데이터는 누구나 열람이 가능한 공공 데이터가 된다. 여기서 무궁무진한 시장성과 미래 성장 동력이 나올 것이다. NFT가 만들어낼 미래는 정확히 그려낼 수 없다. 아직 초기 단계이기에 다양한 시도가 이어지는 중이며, 과거 전통 산업의 발전 과정과 마찬가지로 게임 산업이 블록체인 시장을 대중화하는 견인차가 될 것이라고 생각한다. PC온라인 시대와 모바일 시대를 제일 먼저 대중화시킨 산업이 바로 기술과 문화가 융복합된 게임이다. 게임을 시작으로 아트, 패션 등 분야가 확장된다고 확신한다.

NFT의 첫 시작은 미술 분야다. 하지만 대중화는 이루지 못했다. 미술 NFT가 2·3차 서비스를 선보이며 NFT 시장의 파이를 키워야 하는데 그렇지 못했다. 첫 시작과 대중화는 또 다른 문제다. 첫 출발선은 미술이 그었지만 힘차게 달려가는 건 결국 게임 산업이 될 것이다. 그 이유가 있다. 미술은 오랜 역사를 지녔지만 사용자가 한정적이며 부자들만의 전유물로 불리는 소수의 마켓이다. 모바일이 매스 미디어 역할을 하면서 미술 시장에 새로운 디지털 아트가 떠올랐다. 이를 계기로 많은 미술 분야 전문가는 디지털 아트가 어떠한 경제 효용과 수익 모델이 되느냐를 고민하기 시작했고 NFT 기술을 접목하면서 NFT 아트가 탄생했다. 아트와 NFT 기술이 만나니 MZ 세대가 진입할 수 있을 정도로 장벽이 낮아지고 아트 시장 자체도 글로벌로 확장됐다. 소더비와 함께 세계 양대 경매사로 꼽히는 크리스티가 한국 지사를 설립해 국내 미술계에 진출한 것만 봐도 알 수 있다.

NFT는 미술과 게임 컬렉션 분야로 크게 나뉜다. 미술이 NFT 출발선을 그었다면 최첨단 기술과 미술, 음악 등이 융복합된 게임이 대중화를 이끄는 성장 동력이 될 것이며 NFT 마켓플레이스를 통해 대중성을 잘 녹여낼 것이다.

블록체인과 데이터 3.0

NFT 마켓플레이스가 데이터 3.0의 주요 플랫폼인 이유

NFT는 데이터 소유권이 사용자에게 넘어가고 그 가치에 따라 가격이 결정되며, 이를 다시 거래하는 2차 시장이 형성될 수밖에 없다. 실물은 구입 후 시간이 지남에 따라 가치가 떨어지지만, 디지털 가치 증명서인 NFT는 한정된 수량에 대한 희소성과 사용자의 활용 여부에 따라 메타 데이터가 확장되면서 가치가 올라갈 수 있다. 이것이 바로 NFT 마켓플레이스가 데이터 3.0의 주요 플랫폼이 될 것이라 확신하는 이유다.

NFT는 소유권 증명과 이동의 기록이 명확하다는 장점이 있지만 그보다 큰 본질 가치를 지닌다. 이 메타 데이터를 어떻게 조합해 속성을 부여하느냐에 따라 다양한 서비스가 나올 수 있고 궁극적으로 NFT 마켓플레이스 산업이 커질 것이라고 생각한다. NFT 민팅은 일반 사용자도 쉽게 할 수 있다. 이더리움 블록체인에서 일어나는 모든 활동과 정보를 검색할 수 있는 이더스캔Etherscan에 들어가서 지원하는 프로그램에 따라 NFT를 민팅하면 된다. NFT 발행법은 책 뒤쪽에 부록으로 다루었다. 백 마디 말보다 한 번의 실행이 중요하니 실제 독자의 데이터를 NFT로 민팅해보길 바란다. NFT는 앞서 말했듯 방법을 익히며 누구나 민팅을 쉽게 할 수 있고 가치 상승이 가능해 2차 거래도 활발하다. 여기서 누구나 NFT를 민팅할 수 있다는 것은 다양한 NFT가 나올 수 있다는 의미이기도 하다.

분야를 막론하고 수많은 NFT가 발행될 수 있으며 다양한 NFT를 잘 필터링하는 역할이 필요하다. 이 필터링을 얼마나 잘 하느냐가 NFT 시장의 성패를 좌우하는 열쇠가 될 것이고 큐레이션된 NFT 마켓플레이스가 데이터 3.0을 이끄는 혁신 기업이 될 것이라고 확신한다.

현재 세계 최대 NFT 마켓플레이스인 오픈씨OpenSea는 마치 종합 오픈 마켓처럼 모든 분야의 NFT를 방대하게 다룬다. 오픈씨에 들어가면 무엇을 어떻게 거래해야 할지 막막할 정도로 페이지 정리가 되지 않았다. 앞으로 더욱더 블록체인상에 기록되는 NFT가 증가할 것이다. 초기에 특화된 서비스를 제공하는 NFT 마켓플레이스가 결국은 성공할 것이다. 지금이 NFT 마켓플레이스를 재정립해야 하는 중요한 시기다. 처음부터 이런 방향성을 설정하고 NFT에 대한 실제 사례와 여러 학술 조사를 통해 NFT 마켓플레이스를 개발하는 것이 중요하다. 그럼 이제 플레이댑 준비 과정에서 분석한 NFT 마켓플레이스의 리서치 결과를 토대로 NFT 마켓플레이스 산업에 대한 이해를 높여보자.

Chapter 2

일반화 방식에서
특화된 방식으로 성장하는
NFT 마켓플레이스

댑(Dapp, 탈중앙화 애플리케이션) 및 블록체인 데이터 분석 기업 댑레이더Dappradar가 수집한 정보에 따르면, 2022년 7월 15일 기준으로 등록된 NFT 마켓플레이스의 개수는 총 355개다. 분야는 크게 전체를 아우르는 '종합'과 '게임', '아트' 3가지로 구분된다.

먼저 '종합 NFT 마켓플레이스'는 말 그대로 모든 종류의 NFT 거래를 지원하는 곳이다. 대표적으로 오픈씨OpenSea, 매직에덴Magic Eden, 룩스레어LooksRare, 토푸NFTtofuNFT 등이 있으며 플레이댑PlayDapp은 종합과 게임 그 사이에 위치한다고 볼 수 있다. 두 번째 '게임 NFT 마켓플레이

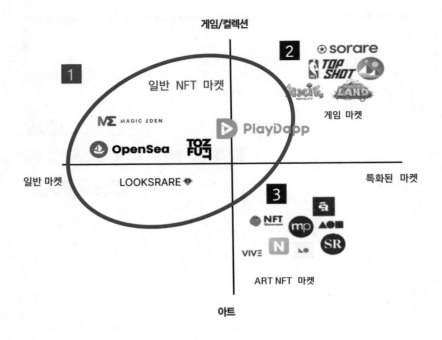

스'는 단일 게임에 통용되는 NFT만 거래하는 마켓이다. 엑시 인피니티 Axie Infinity, 탑샵Topshot, 샌드박스Sandbox, 소레어Sorare 등으로 구성된다. 마지막 '아트 NFT 마켓플레이스'는 마켓 검증 작가의 NFT 아트 위주로 운영되며 거래보다는 판매 중심이다. 수퍼레어SuperRare, 파운데이션 Foundation, 니프티 게이트웨이Nifty Gateway, 노운 오리진Known Origin 등이 있다.

위 좌표의 가로축을 보면 왼쪽은 쿠팡처럼 모든 종류의 물건을 판매 하는 오픈 구조, 오른쪽은 특정 분야만 거래되는 특화된 마켓 2가지 방 식으로 나뉜다. NFT 시장은 아직 초기 단계라 오픈마켓 형식이 먼저 자리를 잡았지만 앞으로는 점점 더 전문성을 가진 NFT를 선보이는 특화된 형태로 발전할 것으로 예상된다.

현재 오픈씨가 이더리움 기반 NFT 마켓플레이스의 80~90% 이상 점유율을 차지하고 있다. 실제 NFT 거래가 일어나는 트랜잭션의 수가 많다기보다는 NFT의 볼륨이 크기 때문이라 할 수 있다. 크립토펑크나 BAYC와 같이 초기 NFT 시장의 기폭제가 된 고가의 유명 NFT 거래가 많이 일어났으며 지금도 여전하다. 하지만 문제는 일반 사용자 접근이 어려운 높은 가격이다. 오픈씨에서 가상자산 지갑을 연동시켜야 NFT 발행과 거래가 가능한데, 이때 수수료가 발생한다. 2~3년 전에는 불가 몇천 원대였던 수수료가 지금은 10~15만 원 선이다. 이더리움 네트워크에 계정을 만들어 오픈씨에 가입하기 위해서는 약 10만 원대의 수수료를 지불해야 한다. NFT 마켓플레이스 시장의 시발점이라 할 수 있는 오픈씨는 이런 방식으로 초기 NFT 시장을 선점했고 자연스럽게 독과점 현상을 빚어냈다.

기업, 사용자 모두 정정당당한 승부를 낼 수 있는 NFT 마켓플레이스

NFT는 발행되는 순간, 블록체인에 저장된다. 하나의 마켓플레이스뿐 아니라 여러 마켓플레이스에서 거래도 가능하다. NFT의 소유권 자체가 사용자에게 있어서다. 플레이댑도 공공 데이터베이스에 저장된 NFT를 플랫폼으로 가져와 사용자가 거래할 수 있도록 보여 줄 수 있다. 사용자에게 양질의 서비스를 제공할 수밖에 없는 공정한 환경이다. 블록체인은 이렇게 정정당당한 승부를 겨룰 수 있는 구조적 특성을 가진다.

많은 NFT 마켓플레이스는 이 시장을 선점한 오픈씨를 이기기 위해 사용자의 이용 편의성을 높이는 서비스 개발에 주력하며 자체 마켓플레이스의 활성화를 꾀한다. NFT 가치 이동은 블록체인상에 모두 기록되기에 오픈씨에서 고액으로 NFT를 거래한 페잉 유저Paying User를 타겟팅해 모객할 수도 있다. 데이터 2.0 시대는 통신사 LGT가 SKT 사용자를 데려오기 위해서는 최소 1천억 원이 넘는 마케팅 비용이 든다. 어마어마한 돈을 투자한다고 해서 해결될 일도 아니다. 이게 바로 독과점이다. 미국은 독과점 문제에 대응해 독점 기업 해체도 불사하겠다는 입장을 밝혔고 글로벌 공룡 기업 몇몇 회사들이 해체 위기에 있다. 블록체인 기반의 데이터 3.0 시대는 이런 해체 명령이 필요 없다. 블록체인은 기술적이고 서비스적으로 권력 분산이 가능하기 때문이다. 이런 긍정적인 시도는 블록체인 기술 기반 개발사들을 통해서 계속 일어나고 있으며 플레이댑도 그러한 노력을 하고 있는 회사 중 하나이다.

명품 시장도 NFT 열기가 뜨거운 분야 중 하나다. NFT 시장 진출이 활발하게 일어나고 있다. 특히 루이비통의 모기업인 LVMH는 프라다와 까르띠에와 함께 '아우라'라는 블록체인 컨소시엄을 결성하고 실물제품 안에 전자칩을 삽입하고 이와 연동되는 디지털 정품 인증서를 NFT로 발행한다고 밝혔다. 오랜 역사를 지닌 티파니앤코 역시 250개 한정수량으로 선보인 NFT 상품 '엔에프티프NFTiff'가 높은 구매 장벽에도 이틀 만에 전량 판매되는 성과를 거뒀다. 이탈리아의 패션 브랜드 돌체앤가바나, 구찌, 그리고 나이키, 아디다스와 같은 스포츠 브랜드도 NFT 시장에 빠르게 진출했다. NFT는 고객의 소유권과 구매자 이력 등이 기록된다. 그 동안 문제시 되어 온 소위 '짝퉁' 문제도 해결이 가능하며 고객이 NFT를 재판할 때마다 로열티를 받는 수익 구조를 발생시킨다. 브랜드가 앞다퉈 NFT 시장에 빠르게 진출하는 이유이다.

●PLUS TIP

아트가 NFT 시장의 포문을 열었지만
왜 더 이상 확장이 안 될까?

최근 이 궁금증에 대한 답을 알게 됐다. 실물 그림은 돈을 주고 작품을 구입해도 저작권이 양도되지 않는다. 내가 돈을 지불하고 작품을 샀지만 저작권이 넘어오지 않는다. 내가 구입한 작품을 사진으로 찍어 가지고 다닐 수도 없다. 계약서상 딱 하나 허용되는 것은 다시 작품을 팔기 위해 경매사에 보내는 디지털 사진 한 장이다. 그것도 기한이 있으며 잘못 노출이 되면 저작권 침해 법에 위반된다. 이는 한국뿐 아니라 해외도 동일하다. BAYC NFT 프로젝트가 선풍적인 인기를 끈 대표적인 이유가 바로 저작권 양도다. 아트 NFT 시장의 성장을 가로막은 저작권 문제를 과감히 깨고 NFT 유저에게 저작권까지 모두 넘겨줘 빠른 확장과 대중화를 이뤄냈다. 잘 팔릴 수 있도록 겉만 보기 좋게 포장한 것이 아닌 기존 시장이 지닌 본질적 문제를 기술로 해결했다. 저작권을 NFT 홀더에게 양도함으로써 2차 상품과 비즈니스가 빠르게 파생됐다. 팬덤 확보와 시장 확장 속도는 기존 산업과 비교하면 매우 빠르고 광범위하다. 세계적으로 규모가 큰 행사가 열릴 때마다 뉴욕에 원숭이 캐릭터로 도배가 된다. 어떤 원숭이인지 자세히는 모르지만 BAYC 원숭이라는 것은 대부분 안다. 그만큼 브랜드 파워가 높아진 것이다.

Chapter 3

종합 NFT 마켓플레이스
주요 프로젝트 4

1. NFT 열풍과 동반 성장한 데카콘 기업 '오픈씨'

NFT 호황과 함께 동반 성장한 기업이 바로 세계 최대이자 최초의 타이틀을 자랑하는 NFT 거래 플랫폼, 오픈씨OpenSea다. 2021년 1월, 오픈씨 월 이용자 수는 약 7,000명이었으나 2022년 1월 월간 이용자 수는 약 54만 명으로 1년간 비약적인 성장을 이뤘다. 이더리움 블록체인 기반의 NFT 거래 중 약 90% 이상을 차지할 만큼 절대적인 존재로 자리 잡았다.

	기업	현황
1	OpenSea	2022년 6월, 자체 개발한 NFT 거래 모듈 시포트(Seaport) 프로토콜 도입해 가스비 35% 절감 효과
2	LOOKSRARE	2021년 1월, 서비스 초기 단계에서 오픈씨 사용자 대상으로 뱀파이어 어택(3ETH 이상 NFT 거래자 대상 차등 보상)을 통해 오픈씨 거래량 역전 자전 거래 논란으로 유저가 급속히 감소했으나 리스팅 보상을 새로 도입하며 반등 성공
3	MAGIC EDEN	솔라나 기반 NFT 거래 시장에서 사실상 독과점의 위치를 유지하고 있음(2022년 7월 14일 기준, 솔라나 전체 거래량 95% 차지) 솔라나 NFT 프로젝트 지원을 위한 자체 런치패드 및 매직 티켓(Magic Ticket, 멤버십 NFT) 프로그램으로 생태계 확장 및 다오(DAO)화 진행 중
4	TOZFUN	최초의 옴니체인 NFT 마켓플레이스(옴니체인에서 생성된 NFT만 판매, 등록 가능하며 NFT 보내기 할 때 21개 체인 중 선택 가능) 고스톨리 고스츠(Gh0stly Ghosts)의 인기 및 가격 상승으로 몇 시간 만에 6개 체인에서 1위를 차지. 옴니체인 NFT 급성장 중

출처: 각 회사

여기서 잠깐!

오픈씨에서 거래되는 NFT를 살펴보면 유명 IP Intellectual property(지적재산권) 회사가 없다. 왜 그럴까?

NFT 1만 개를 발행할 때는 각기 다른 고유성을 지닌 캐릭터 1만 개를 만든다. 예를 들어 월트디즈니의 상징이자 마스코트인 미키마우스를 NFT로 발행할 때 역시 다양한 변형 작업이 필요한데, 이로 인해 IP 아이덴티티의 혼란을 불러올 위험이 있다. 1928년 출시 이후 여러 차

례의 디자인 수정으로 지금의 미키마우스가 완성됐지만, 미키마우스만의 대체 불가능한 정체성이 존재하기에 다양한 NFT 작업이 어렵다. 결론적으로 미키마우스 디자인 자체를 바꿀 수는 없는 것이다. 뽀로로도 마찬가지다.

이런 캐릭터 정체성 문제로 전통적인 IP 기업들이 NFT 시장에 쉽게 접근하지 못한다. 소유권, 저작권 역시 어려운 문제다. 이에 대한 대안으로 최근 전통 IP 회사들이 NFT 시장에 뛰어들기 위해 기존 캐릭터가 아닌 새로운 캐릭터를 개발하는 움직임을 보이고 있다. 캐릭터가 중심이 된 PFP NFT는 기술 개발 회사가 아닌 실질적으로 캐릭터에 생명력을 불어넣어 성공시킨 IP 회사들이 잘 할 것이라고 생각한다. NFT에 대한 기술을 이해하고 이에 맞는 캐릭터를 만든다면 유가랩스와 같은 원숭이 캐릭터가 아닌 자신의 부캐로 삼고 싶을 정도로 소유욕을 불러일으키는 멋진 캐릭터들이 탄생할 수 있다. 앞으로 세상에 하나뿐인 내 NFT를 반려동물처럼 소중히 아끼고 키우는 세상이 올 것이라고 확신한다.

오픈씨, NFT 거래 모듈 시포트 프로토콜 출시

오픈씨(열린 바다, OpenSea)라는 기업명처럼 NFT 확장성을 내세운 전략으로 NFT 마켓플레이스를 세계 최초로 선보였다. 오픈씨가 세계 1위 NFT 마켓플레이스가 된 성공 전략은 다양하다. 가장 대표적으로 누구나 손쉽게 NFT를 발행하고 거래할 수 있는 플랫폼을 지향했다는 점이다. 오픈씨가 세계 최대라는 타이틀을 거머쥐며 NFT 마켓플레이스 시장을 선도했지만 높은 거래 수수료 문제로 사용자의 불만 또한 함께 증가했다. 이에 2022년 5월 21일, 오픈씨는 기존 NFT 거래 모듈로 사용하던 와이번Wyvern 프로토콜에서 자체 개발한 시포트Seaport 프로토콜로 전면 대체했다.

와이번 프로토콜은 2022년 2월, 170만 달러를 탈취당하는 피싱 사기 공격을 받으며 보안의 허점이 드러났다. 새로운 시포트 프로토콜은 블록체인 보안업체 오픈제플린OpenZeppelin과 트레일 오브 빗츠Trail of Bits의 감사를 통과해 보안에 강한 프로토콜임을 입증했다.

시포트 프로토콜의 가장 큰 특징은 거래 구조 최적화로 거래 수수료 효율을 극대화했다는 점이다. 오픈씨는 180만 명의 사용자가 연간 NFT 거래 수수료의 35%, 약 4억 6천만 달러 절감을 예상한다고 밝혔다. 이 외에도 여러 NFT를 한 번에 판매할 수 있는 묶음 판매 방식 및 NFT 물물교환이 가능한 수두스왑Sudoswap 도구 제공, NFT 더치옥션 (Dutchauction, 최고가에서 점차 가격을 낮추는 역경매 방식) 허용, NFT 홀더 지급 주소 2개 이상 추가 등 사용자 편의를 위한 다양한 서비스를 도입했다. 시포트 프로토콜은 오픈 소스 기반으로 누구나 사용이 가능하다.

물물 교환을 지원하는 핵심 기능인 수두스왑에 대해 자세히 알아보자.

데이터 2.0의 이커머스는 전자상거래 피해 방지 및 소비자 보호를 위해 5만 원 이상의 결제 금액은 의무적으로 에스크로Escrow 시스템을 이용하도록 규정돼 있다. 이는 구매자와 판매자 간 신용관계가 불확실할 때 제3자가 중개를 하는 매매 보호 서비스를 말한다. 예를 들어 A가 100만 원을 지불하고 물건을 살 때 이를 중개하는 이커머스가 100만 원을 갖고 있다가 거래가 확인되면 판매자에게 100만 원을 보낸다. 적게는 24시간 많게는 일주일까지 이커머스가 100만 원을 갖고 있다. 이에 대한 지급보증을 에스크로 업체가 한다. 블록체인은 중재자 없이 누구나 투명한 거래를 할 수 있는 탈중앙화 철학을 토대로 한다. 따라서 중개자 역할을 하는 에스크로 시스템 자체를 지원하지 않는다. 오픈씨는 이런 중개자 없이 수두스왑이라는 명령어를 통해 물물 교환이 가능하도록 구현했다.

2. 뱀파이어 어택으로 오픈씨 거래량 역전시킨 '룩스레어'

2022년 1월에 시작된 룩스레어LooksRare는 출범 당시 오픈씨의 대항마로 손꼽힌 NFT 마켓플레이스이다. 룩스레어는 서비스 출시 시점에 맞춰 오픈씨 사용자를 룩스레어로 유입시키는 뱀파이어 어택 전략을

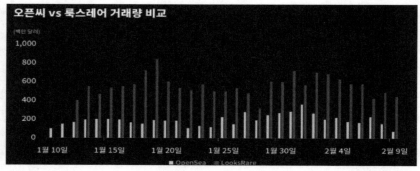

오픈씨 vs 룩스레어 거래량 비교

(백만 달러)

출처: 쟁글(Xangle)

시도했다. 여기서 뱀파이어 어택은 더 좋은 보상을 추가하는 방식으로 경쟁사의 사용자 유입을 유도하는 마케팅의 일종이다. 룩스레어는 오 픈씨 유저 상대로 자체 거버넌스 토큰인 룩스LOOKS를 배분하는 보상을 진행했고 이로 인해 오픈씨 거래량을 넘어서는 성과를 얻었으며 업계 에서도 큰 주목을 받았다.

룩스 에어드롭은 오픈씨 유저 모두에게 제공하는 보상이 아니다. 룩 스 토큰을 받기 위해서는 두 가지 조건이 있다. 먼저 2021년 6월 16일

룩스레어 유저 및 트랜잭션

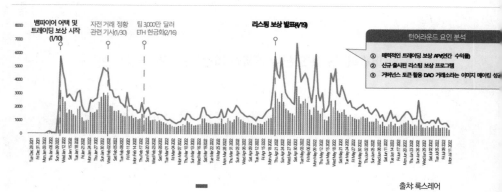

출처: 룩스레어

블록체인과 데이터 3.0

부터 12월 16일까지 3달간 오픈씨 NFT 거래량 3ETH 이상이며 룩스레어에서 NFT 판매를 등록해야만 한다. 거래량에 따라 최소 125개에서 최대 1만 개 룩스 토큰을 제공했으며 이는 당시 325~26,000달러의 가치였다. 해당 기간 배포된 룩스 토큰은 12억 개이다.

이렇게 룩스레어는 서비스 출시 2일차 기준, NFT 일 거래량의 시장 점유율은 70%를 차지했고 3일 만에 오픈씨 거래량을 드라마틱하게 역전하며 잠깐이나마 승리를 맛봤다. 하지만 오픈씨도 가만히 당하고만 있지 않았다. 동일한 방법으로 룩스레어에게 빼앗긴 유저를 되찾아왔지만 이 역시 보상에 보상이 더해지니 사용자에게는 더없이 좋은 일이 아닐 수 없었다. 이런 경쟁 구조는 누구나 장부를 확인할 수 있는 블록체인 기반이기에 가능하다. 유저의 크립토 지갑 주소와 NFT 거래 기록

STEP 1. LP 토큰 모으기

STEP 2. 마이그레이션(이동)

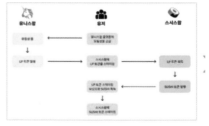

- 스시스왑이 유니스왑의 *LP(Liquidity Provider, 유동성 공급자) 대상으로 스테이킹 서비스 출시
- 유니스왑에 유동성을 공급하고 받은 LP 토큰을 스시스왑에 스테이킹하면 기존의 수익에 더해 보상으로 스시(SUSHI) 토큰 제공
- 당시 기준 연 200~1,000%에 달하는 공격적인 수익률 제공

- 공격적인 수익률로 많은 LP 토큰을 보유한 스시스왑은 다량의 LP 토큰을 소각해 유니스왑의 유동성 풀 흡수
- 이 과정에서 스시스왑은 거대한 유동성 풀 보유

*유동성: 스마트 콘트랙트 내에 동결되어 있는 자금. DEX의 안정적 서비스를 위해 가장 중요한 요소

출처: 유니스왑, 스시스왑

을 투명하게 볼 수 있어 그에 따른 보상 정책과 정확한 타겟팅 설정을 할 수 있었다. 데이터 3.0 시대는 대기업, 중소기업, 그리고 개인 사업자 모두가 공정한 경쟁 구조에서 정정당당하게 경쟁할 수 있는 환경이 자연스럽게 만들어진다. 이 경쟁에서 승자가 되기 위해서는 권력이 아닌 좀 더 좋은 서비스와 보상, 창의적인 콘텐츠 개발에 노력을 기울여야 한다.

룩스레어는 뱀파이어 어택으로 출시 초기부터 폭발적인 성장세를 보였으나 95% 거래량이 소수 몇 명의 자전거래라는 정황이 밝혀졌다. 자전거래는 NFT 판매자와 구매자가 동일하거나 사전에 합의한 이들이 거래액을 부풀리기를 할 때 활용되는 방법이다. 출시 한 달 만에 팀이 약 3,000만 달러 가치의 이더리움을 현금화하면서 커뮤니티의 신뢰를 잃고 유저가 급감한 사태가 벌어졌다. 이후 리스팅 보상 등이 새로운 추가 보상정책으로 자리를 잡아가고 있다.

● PLUS TIP

뱀파이어 어택이 최초로 일어난 탈중앙화 거래소 경쟁

룩스레어가 오픈씨 거래량을 잠시나마 이기며 의미 있는 성공 사례를 보여 준 뱀파이어 어택은 NFT 마켓 분야에서는 최초 시도지만 바로 DEX 분야에서 먼저 시작됐다.

유니스왑Uniswap은 이더리움 기반의 대표적인 탈중앙화 거래소로 손꼽히며, 스시스왑Sushiswap은 유니스왑에서 하드포크한 탈중앙화 거래소다. 이들이 DEX 시장을 구축한 시초라 할 수 있다.

DEX의 뱀파이어 어택은 스시스왑에서 먼저 개시했다. 스시스왑이 거버넌스 토큰을 도입해 유니스왑 LPLiquidity Provider(유동성 공급자)를 대상으로 지급하면서 유니스왑의 유동성을 흡수했다. 유니스왑 역시 가만히 당하고만 있지 않았다. 자체 거버넌스 토큰을 발행하며 상황을 곧바로 역전시켰다. 이후 스시스왑에 일시적으로 넘어간 유동성은 다시 유니스왑으로 급속히 돌아왔고 그 과정에서 스시스왑이 빠르게 유저 확보에 성공하며 DEX 상위권에 진입했다.

데이터 3.0 관련 용어 알아두기!

탈중앙화 거래소 DEX vs 중앙화 거래소 CEX

DEXDecentralized Exchange는 개인 간의 금융 거래 방식으로 운영되는 블록체인 기반의 탈중앙화 거래소다. 자산 거래 과정에서 중앙 기관의 개입이 없다. 완벽한 투명성을 지향하며 자동화된 스마트 컨트랙트 기능을 사용해 중개자 없이도 거래할 수 있다. 주로 유동성 풀Liquidity pool 가격 결정 방식을 사용해 특정 자산의 가격을 책정한다. '스왑Swap'으로 알려진 자산 교환 과정을 통해 사용자 지갑 간의 거래를 즉각적으로 처리한다. 대표적으로 유니스왑Uniswap, 스시스왑Sushiswap, 밸런서 Balancer, 카이버Kyber 등이 있다.

CEXCentralization Exchange는 거래 시 구매자와 판매자가 모두 신뢰하는 제3자를 통해 자산이 거래된다. 데이터 2.0 시대의 중앙화된 은행과 비슷하다. 고객의 디지털 자산을 수탁해 자산 관리와 거래 수행을 돕기 때문에 탈중앙화 거래소보다 이용이 편하다. 중앙화 거래소는 신뢰가 중요하다. 중앙화된 기관이 한 곳에 모든 자산을 보관해 해킹 위험이 있다. 이에 반해 탈중앙화 거래소는 고객의 자금을 직접 보관하지 않아 해킹 발생 가능성이 낮으며, 잠재적인 해킹과 도난의 위협에서 비교적 안전하다. 대표적인 중앙화 거래소는 업비트Upbit, 바이낸스Binance, 크라켄Kraken, 코인베이스Coinbase 및 비트렉스Bittrex 등이 있다.

거버넌스 토큰Governance Token

거버넌스Governance는 공동의 목표 달성을 위해 공동체 구성원이 각자의 책임감을 가지고 투명하게 의사 결정을 수행하는 제반 장치를 말한다. 블록체인에서 거버넌스는 커뮤니티에서 평등한 주체로 참여해 토론이나 협의를 통해 집단결정을 내리는 체계를 말하며 거버넌스 토큰은 거버넌스 권한을 부여하는 토큰이다.

유니스왑에서 스왑의 의미를 통해 거버넌스 토큰을 알아보자. A와 B가 각각 A 토큰과 B 토큰을 유니스왑에 스테이킹한다. 그러면 A와 B

블록체인과 데이터 3.0

는 유동성을 공급 풀을 제공한 LP_{Liquidity Provider}, 즉 유동성 공급자가 되며 토큰이 필요한 사용자간의 거래가 일어난다. DEX는 이런 유동성 공급을 위해 생겨난 거래소다. LP는 유동성 공급 제공에 대한 혜택으로 거버넌스 토큰을 받는다. DEX는 문제가 없다고 본다. 하지만 디파이라 불리는 탈중앙화 금융(Decentralized Finance)은 아직까지는 신뢰가 가지 않는다. 크립토커런시를 가지고 크립토커런시 금융을 한다는 점이 미덥지 않다.

3. 솔라나 기반의 No.1 NFT 마켓플레이스, 매직에덴

2021년 9월 출시된 매직에덴Magic Eden은 솔라나 기반 1위의 NFT 마켓플레이스이다. 월 약 2,200만 개 NFT가 신규 판매·등록되며, 일일 약 4만 개 이상의 NFT가 거래된다. 솔라나 NFT 거래의 시장 점유율은 90% 이상 차지하며 사실상 솔라나 NFT 거래 시장을 독과점하고 있다.

주요 솔라나 기반 NFT 마켓플레이스 지표 비교
- 2022년 7월 15일 기준, 매직에덴의 솔라나 기반 NFT 거래량 시장 점유율 약 94% 수준
- 활성화 지갑은 2위, 3위 대비 약 10~15배, 거래량은 약 4~50배

이상 높음

· 2022년 4월 초부터 오픈씨가 솔라나 NFT를 시작했음에도 불구
하고 굳건하게 1위 유지 중

· 누적 등록된 NFT와 같이 초기 시장 선점 효과로 유저가 다른 마켓

주요 솔라나 기반 NFT 마켓플레이스 지표 비교

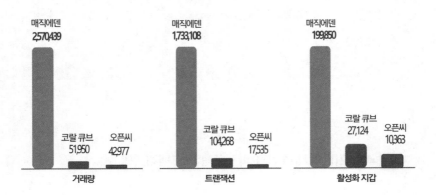

출처: 매직에덴

솔라나 NFT 거래량 기준 거래소별 시장점유율 추이

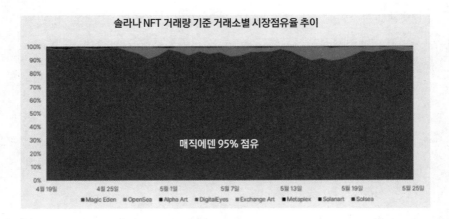

출처: 쟁글(Xangle)

으로 쉽게 옮겨가지 않음

런치패드 및 매직 티켓 2가지 차별화 서비스 진행

매직에덴은 런치패드 서비스를 통해 NFT 발행을 원하는 개발사에게 개발 및 마케팅, 운영 등을 적극 지원해 250개 이상으로 NFT를 빠르

[런치패드 서비스]
창작자가 온라인 신청서를 제출하고 매직에덴의 승인을 받으면 런치패드 서비스 지원을 받음

* 런치패드 서비스 구성

❶ NFT 발행 전 과정의 기술적 지원
❷ 런치패드 동문인 창작자들 전용 디스코드 채널 운영
❸ NFT 컬렉션 생성 및 등록 수수료 없음
❹ NFT 출시 전 바이럴 마케팅 지원

출처: 매직에덴

[매직 티켓 Magic Ticket]
2022년 3월 매직 티켓 에어드랍을 완료했으며 티켓 보유자는 매직 에덴의 DAO 참여 가능

* 매직티켓 에어드랍 대상

❶ OG : 2021년 9월 17일~10월 17일 중에 거래 이력이 있는 사용자
❷ Degens : 2021년 10월 17일~12월 18일 중에 거래 이력이 있는 사용자
❸ Normies : 2021년 12월 19일 이후 거래 이력이 있는 사용자

출처: 매직에덴

게 늘려나갔다. 하지만 서비스 자체가 블록체인 철학과 달리 중앙화되었다는 공격을 받으면서 이를 벗어나기 위한 다양한 시도도 이어지고 있다. 2022년 3월, 기존 매직에덴 거래자를 대상으로 멤버십 NFT라 할 수 있는 매직 티켓Magic Ticket을 런칭하며 다오DAO로 진화 중이다. 매직 티켓 소유자는 매직에덴의 각종 행사 및 주요 의사결정에 참여할 수 있는 권한을 준다.

또 게임 기업의 블록체인 산업 활성화를 위해 분산형 온라인 게임 전문 투자사인 매직벤처스Magic Ventures를 출범했고, 중국 유명 게임 기업 텐센트Tencent 출신의 토니 자오Tony Zhao를 투자 부문 책임자로 임명하며 사업을 확장했다. 2022년 6월에는 시리즈 B 투자 라운드 통해 약 1억 3천만 달러를 조달했고 기업가치 16억 달러(한화 약2조 원)를 인정받았다. 투자금은 거래소 사업과 멀티체인 확장에 사용할 계획이라고 밝혔다.

오픈씨와 룩스레어는 이더리움 기반이기에 스마트 컨트랙트를 블록체인에 배포할 때 수수료가 발생한다. 스마트 컨트랙트 코드 라인 수에 따라 다르지만 최소 30만 달러(한화 약4억 원) 이상의 비용이 든다. 스마트 컨트랙트 프로그램을 블록체인에 배포하려면 수억 원이 발생하는 것이다. 이는 다시 말해 처음부터 제대로 된 스마트 컨트랙트를 배포해야 한다는 뜻이다. 부당 이득을 챙기는 교묘한 수법과 같은 사기 행각을 일절 못하게 된다. 어떻게 보면 블록체인 네트워크에서 수수료가 필터링 역할을 하는 것과 같다. 그래서 스마트 컨트랙트를 만들 때 많은 고민과 연구가 필요하다. 블록체인에 한 번 배포되면 수정이 불가능하기 때문이다. 그래서 스마트 컨트랙트를 전문적으로 감시하는 프로젝트도 등장하며 신중에 신중을 기해 완벽한 스마트 컨트랙트를 배포하려고 노력한다. 블록체인은 스마트 컨트랙트 자체도 분산·저장되며 합의가 일어나기 전까지는 수정이 불가능하다. 그런데 솔라나 기반인 매직에덴은 이더리움 블록체인 시스템과 달리 스마트 컨트랙트 업데이트가 가능하다. 이는 기존 중앙화된 시스템과 다를 게 없다. 이 때문에 바람직한 블록체인 네트워크라고 보기 어렵다는 목소리가 나오고 있다.

수수료가 낮다는 장점 덕에 NFT 발행과 거래는 활발하다. 하지만 막상 매직에덴 사용자로 참여하다 보면 중앙에서 통제하는 느낌이 들어 거부감이 생기기 시작한다. 스마트 컨트랙트 업데이트가 잦다보니 장애가 자주 발생하고 안정성이 떨어진다.

여기서 잠깐!

왜 매직에덴이 오픈씨보다 트래픽 수가 높을까?

NFT 거래액은 이더리움 기반의 오픈씨가 많지만, 시간당 트래픽 수는 솔라나 기반의 매직에덴이 높다. TPS는 Transaction per Second의 약자로서, 1초당 처리할 수 있는 트랜잭션 수를 말하는데 이더리움은 NFT 민팅 시 TPS가 20 미만이다. 솔라나의 TPS가 2,233이라고 하는데, 이더리움 TPS를 20으로 잡는다고 해도, 솔라나가 이더리움보다

TPS가 111배 높다. 다시 말하면, 24시간 기준으로 NFT를 발행하거나 거래를 일으키는 트랜잭션의 수와 속도가 오픈씨보다 매직에덴이 111배가 빠르다고 할 수 있다. 매직에덴의 마켓플레이스가 오픈씨보다 인기가 좋아서 트랜잭션 수가 높은 것이 아니라 메인넷의 처리 속도가 빠르기 때문이다. 이더리움은 수수료가 비싸서 NFT 민팅도 쉽게 할 수 없다. 그래서 매직에덴에서 테스트 NFT 발행을 시도하는 경우가 많다. 디지털 자산 가치라는 NFT 유효성을 따져봤을 때는 오픈씨를 이기기에는 아직 멀었다고 본다.

4. 최초의 옴니체인 NFT 마켓플레이스 토푸NFT

20여 개의 블록체인 메인넷을 통해 게임파이(GameFi, game과 finance의 합성어)와 수집에 중점을 둔 옴니체인Omnichain NFT 거래 서비스를 제공하는 마켓플레이스이다. 옴니체인 NFT는 스마트 계약을 쉽게 통신할 수 있도록 설계된 메시징 전송 계층인 레이어제로LayerZero에서 지원하는 새로운 형식의 NFT다. 옴니체인에서 생성된 NFT만 판매·등록이 가능하며 등록된 NFT는 연결된 20여 개의 네트워크 기반으로 모두 거래할 수 있다. 이더리움부터 폴리곤 그리고 폭발적인 성장 잠재성이 있는 니어NEAR나 셀로Celo 블록체인 메인넷을 지원하는 점이

블록체인과 데이터 3.0

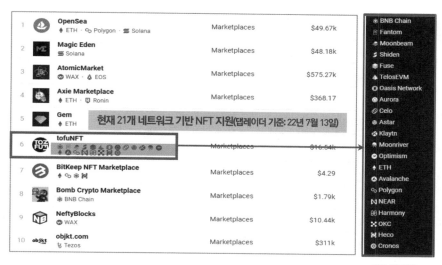

1	**OpenSea** ♦ ETH · ◇ Polygon · ◔ Solana	Marketplaces	$49.67k	
2	**Magic Eden** ◔ Solana	Marketplaces	$48.18k	
3	**AtomicMarket** ◉ WAX · ◇ EOS	Marketplaces	$575.27k	
4	**Axie Marketplace** ♦ ETH · ◉ Ronin	Marketplaces	$368.17	
5	**Gem** ♦ ETH	Marketplaces		
6	**tofuNFT** 	Marketplaces	$16.54k	
7	**BitKeep NFT Marketplace** ♦ ◈ ◉	Marketplaces	$4.29	
8	**Bomb Crypto Marketplace** ◉ BNB Chain	Marketplaces	$1.79k	
9	**NeftyBlocks** ◉ WAX	Marketplaces	$10.44k	
10	**objkt.com** ꜩ Tezos	Marketplaces	$311k	

현재 21개 네트워크 기반 NFT 지원(댑레이더 기준: 22년 7월 13일)

출처: 댑레이더

주목할 만하다. 토푸NFT~tofuNFT~의 블록체인 지원 기준을 분석하니 유저 수로 선별된 점이 확인되었다.

한 예로, 2022년 4월 5일, 최초의 옴니체인 NFT 고스틀리 고스츠 Gh0stly Ghosts는 토푸NFT에 등록되고 몇 시간 만에 6개 체인에서 1위를 차지하는 성과를 내기도 했다.

좀 더 자세히 옴니체인 기술에 대해 알아보자. 모든 메시지 프로토콜에는 미리 정해 놓은 통신 규약이 있고 헤더Header와 바디Body로 구성돼 있다. 여기서 헤더는 문자 사이즈를 어떻게 할 것이고 보내는 사람과 받는 사람이 누구이며, 몇 바이트로 해야 한다는 등의 약속이 정해져 있다. 바디는 데이터에 담기는 거래내용을 담고 있다. 통신이 일어날 때마다 그 적합성을 판단하는 거래 정보가 기록되기 때문에 실질적으로 검증된 거래정보들의 집합체라고 볼 수 있다.

　메시지는 TCP/IP 통신 규약을 통해 오고 가며, 이 메시지 조각(패킷 Packet)이 유실 없이 다 도착하면 메시지가 완성된다. 여기에 헤더를 하나 더 두면 다른 기종 프로토콜 간에 통신이 이뤄진다. A라는 통신과 B라는 통신은 시스템이 다르다. A는 A끼리 같은 통신 시스템을 써야 통신이 가능하다. 그런데 A의 프로토콜 메시지 타입을 알면 이에 맞춰 헤더를 하나 더 얹어 A와 B 다른 통신 간의 메시지를 주고받을 수 있다. 블록체인의 블록 역시 데이터를 저장하는 단위로, 바디와 헤더로 구분된다. 바디에는 거래 내용이, 헤더는 블록 하나에 포함된 모든 거래 정보를 요약해 나무 형태로 표현한 머클트리Merkle tree로 담겨진다. 위의 방식과 같이 블록체인 메인넷의 구조를 해석하면 상호운용이 가능한 토푸NFT의 옴니체인을 만들 수 있는 것이다. 다만, 아직은 블록체인 개발의 춘추전국시대이기 때문에 메인넷 업데이트가 잦고 이런 업데이트 시마다 똑같이 업데이트를 해야 한다는 단점이 있다.

토푸NFT의 레이어제로

　토푸NFT는 블록체인 메인넷인 레이어 1 아래 또 하나의 레이어제로LayerZero가 존재하는데, 이는 상호운용성 강화를 위해 크로스체인된 메시징 프로토콜로 여기서 발행된 코인이 제로엑스0x다. 탈중앙화 거래소 DEX에서는 여러 코인과 토큰이 거래되는데 이를 통신하는 프로토콜 기반의 코인이다. 비트코인 다음으로 가장 블록체인 철학에 입각한 프로토콜 프로젝트라고 할 수 있다.

레이어제로 프로토콜 개요

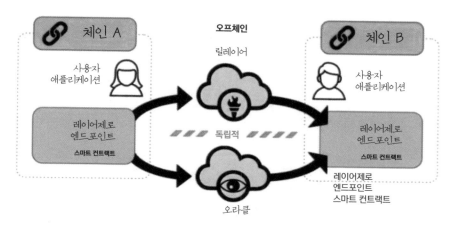

출처: 레이어제로

    토푸NFT의 옴니체인은 A와 B 체인의 엔드포인트End point 간에 인터
체인Inter chain을 통해 NFT를 트랜잭션하는 방식이다. 인터체인은 서로
다른 블록체인을 연결하기 위해 만들어진 네트워크이다. 이더리움 블
록체인 기반의 댑을 구매할 때 폴리곤으로 결제할 수 없는 한계를 인터
체인으로 해결하는 것이 그 예이며, 이를 통해 블록체인의 상호운용성
을 향상시킨다. 예를 들어 한국인과 중국인이 대화할 때 그 사이 통역
자가 필요한데, 그 통역자가 한국어와 중국어가 모두 가능한 인터체인
인 것이다.

    중앙화 거래소는 이런 트랜잭션이 온체인On-chain이 아니라 오프체인
Off-chain에서 이뤄진다. 온체인은 블록체인 거래를 기록하는 방식 중 하
나로, 네트워크에서 발생하는 모든 전송 내역을 블록체인에 저장하는

방식이다. 반면 오프체인은 블록체인 밖에서 거래 내역을 기록하는 방식이다. 중앙화 거래소 업비트가 주기적으로 정기점검을 하는데 메인넷을 업데이트하는 시간이다.

탈중앙화 거래소 DEX는 중간에 합의 프로토콜이 존재하며 이조차 블록체인 기반으로 운영된다. 그래서 탈중앙화가 가능하고 온체인으로 모든 거래가 이뤄진다.

여기서 잠깐!

중앙화 거래소에서 정기점검을 한다는 것은?

메인넷이 업데이트가 일어나면 중앙화 거래소는 정기점검으로 똑같이 메인넷을 업데이트한다. 그 시간 동안 거래는 중지된다. 자산을 출금하지 못한다. 이는 가격 변동이 일어날 수 있는 위험한 일이다. 고래라고 불리는 거물급 가상자산 투자자들은 중앙화된 거래소에 자산을 입금한다. 이는 가상자산을 현금화한다는 의미이며, 이로 인해 해당 코인 가격이 떨어지는 현상이 빚어진다. 중앙화 거래소에서 비트코인이나 이더리움을 출금한다는 것은 장기 보유하겠다는 뜻이다. 그러면 가격이 오른다. 블록체인이기에 그 주소가 다 공개돼 있다. 이런 고래들의 메이저 거래소 입출금 데이터의 움직임을 분석하면 크립토 가격에 대한 전망을 예측할 수 있다. 이를 전문적으로 하는 이들도 있다.

NFT 마켓플레이스를 다시 정리하면 오픈씨는 이더리움 기반의 최초 NFT 마켓플레이스로 특화되지 않은 다양한 분야의 NFT가 거래되며, 룩스레어는 엠파이어 어택으로 잠깐이나마 정통 강자인 오픈씨 거래량을 넘어서는 의미 있는 성공 사례를 보여주었다. 솔라나 기반의 NFT 마켓플레이스를 독점하는 매직에덴은 오픈씨를 능가하는 트래픽을 보유하고 있지만 스마트 컨트랙트가 업데이트된다는 점에서 신뢰도가 떨어지고 있다. 옴니체인 NFT 마켓플레이스인 토푸NFT는 다양한 메인넷을 선택 및 지원한다는 장점이 있다.

PART 5

내가 만든 데이터가
수익이 되는
새로운 비즈니스 모델!
X2E

Chapter 1

PC온라인, 모바일,
그리고 블록체인 시대 역시
게임이 대중화 주도

앞서 PC온라인, 모바일, 블록체인 시대의 트렌드에 대해 알아보았다. PC온라인, 모바일 시대의 공통점은 초기 패러다임 전환을 이끈 견인차(키 이네블러Key enabler), 다시 말해 성장 동력이 핵심 역할을 바로 게임 산업이 이끌었다는 점이다. 모바일에서 블록체인 시대로 가는 지금 이 시기 역시 블록체인 기술을 빠르게 접목한 게임 산업이 데이터 3.0의 시대를 선도할 것이라고 생각한다. 이런 전망에 대한 이유는 확실하다. 게임은 각 분야의 신기술을 가장 빠르게 적용한 융합 콘텐츠이기 때문이다. 게임은 미술부터 음악, 문학, 3D 기술, 인공지능 등 예술과 기술의 집합체라 할 수 있으며, 이 외에도 CSCustomer Service(고객 서비스), QAQuality Assurance(품질 보증) 등 거의 전 분야의 기술과 콘텐츠를 적극적으로 수용하며 최첨단 융복합 산업으로 지속적인 발전을 거듭했다. 그러다 보니 게임은 대중에게 친근하면서도 파워풀한 센세이션을 일으켰고 패러다임 전환 시마다 메가 점프를 이끄는 견인차 역할을 할 수밖에 없었다.

국내 게임 산업은 서울대, 카이스트KAIST에서 컴퓨터 공학, 전산학을 전공한 유능한 인재들이 초기에 있었기에 가능했다. 대표적으로 '바람의 나라'와 '리니지'의 아버지라 불리는 송재경 엑스엘게임즈 대표이사를 꼽을 수 있다. 송 대표는 서울대 졸업 이후, 카이스트 박사 과정을 중퇴하고 세계 최초의 온라인 게임 '바람의 나라'를 개발했다. 당시 게임에 대한 냉소적인 시선에도 꿋꿋이 온라인 게임이란 새로운 세계를 개척한 1세대 개발자다. '바람의 나라'는 김진의 동명 만화를 소재로 넥슨이 제작한 MMORPGMassively Multiplayer Online Role-Playing Game(대규모 다중 사용자 온라인 롤플레잉 게임)로 1994년 기획돼 1996년 4월 천리안을 통해 정식 서비스가 시작됐다. 카이스트 인재들은 1980년대 후반부터 인터넷이라는 신기술을 빨리 접했고 PC온라인 시대에 맞는 게임 개발에 누구보다 열정적이었다. '바람의 나라'의 성공적인 안착으로 '리니지', '레드문' 등 만화를 원작으로 한 온라인 게임이 연달아 히트를 쳤고 융복합 기술이 적용된 국내 게임 산업은 세계를 선도할 만큼 급속한 발전을 이뤘다.

이런 PC온라인 시대에서 축적된 노하우는 모바일 시대에도 빠르게

블록체인과 데이터 3.0

적용됐다. 스마트폰 보급으로 모바일 시대가 열리는 패러다임 변화를 재빨리 캐치했으며 기존에 게임 1세대에서 전수받은 노하우를 활용해 모바일 기반 게임을 빠르게 출시해 모바일 시대의 대중화를 이끌었다. 국내 게임사들은 해외 시장으로도 발을 넓히며 승승장구했다. 스마일 게이트의 FPSFirst-person shooter(1인칭 슈팅) 게임 '크로스파이어Crossfire', 넥슨의 MORPG 벨트스크롤 액션 게임 '던전앤파이터Dungeon and Fighter' 등이 중국에 수출됐는데, 텐센트Tencent와 같은 메이저 회사들과 유통 계약을 맺고 조 단위의 로열티를 받았다. 국내 산업 발전에 엄청난 기여임이 분명하다. 하지만 국내 시장 규제가 강화되는 제약들이 생겨났고 이런 악조건 속에서도 고군분투하며 국내 게임 산업을 꿋꿋이 발전시켜 나갔다.

Chapter 2

게임 유저의
수익화

PC온라인과 모바일 시대 게임 산업에서 가장 큰 이슈는 바로 유저의 수익화다. PC온라인 시대는 게임물관리위원회의 사전 검사를 통해서만 게임이 유통됐다. 모바일 시대는 수많은 게임이 출시되면서 사전 검사 및 관리가 불가능했다. 구글이나 애플의 오픈마켓에 먼저 자율 심사를 받고 추후에 게임물관리위원회의 판단으로 서비스가 중단되거나 문제 제기 부분을 수정해 다시 출시하는 일이 벌어졌다. 단, 사용자가 게임으로 수익화를 하는 것은 허용되지 않지만 사용자 간의 아이템 거래는 합법이다. 그 동안 많은 법적 논쟁이 있었고, 게임 회사와 게임 아이템 유통 회사는 이해관계가 없으며, 유저 간에 거래는 합법이라는 대법원의 판결이 났다. 그래서 한국의 아이템베이와 아이템매니아와 같이 유저 간에 게임 아이템을 중개하는 사업이 가능하다. 이조차 막으면 이커머스부터 시작해 P2P로 거래하는 C2C 리테일 시장도 허용되지 않아야 한다.

그렇다면 게임 아이템 거래소가 없던 시절, 유저는 게임 아이템 소유권이 없고 사용권만 있는데 어떻게 유저 간에 거래할 수 있었을까? 초기에는 웃지 못할 에피소드도 많았다. A와 B가 게임 아이템을 거래하기로 약속했다고 치자. 온라인 게임상의 특정 장소에서 만나 A가 팔기로 한 아이템을 떨구면 B가 그 아이템을 획득하는 식으로 게임 아이템의 거래가 이뤄졌다. 그런데 갑자기 다른 C 유저가 이 상황을 유심히 지켜보다 A가 떨군 아이템을 재빨리 가로채가는 황당하고 웃긴 일도 실제 벌어졌다. 이 문제를 프로그램 기술로 해결한 것이 바로 아이템베이와 같은 게임 아이템 거래소이다.

각 분야의 리테일 시장이 산업을 지탱하고 발전시키는 역할을 한 것처럼 게임 아이템 거래도 게임 시장을 성장시키는 작용을 한다. 이는 게임 산업에 건전한 에코 시스템을 만드는 중요한 기반이 된다. 다른 산업은 이 거래 부분이 어느 정도 인정이 되지만, 게임 산업은 디지털 아이템이라는 이유로 다른 잣대를 들이댄다. 최근 글로벌 전통 명품 회사들조차도 메타버스라는 가상의 공간에서 디지털 아이템을 판매하며 유저 간의 거래가 이루어지고 있다. 그런데 게임 분야만큼은 예외이다. 이 시점에서 우리가 한번 진지하게 생각해봐야 하는 문제이다.

게임 산업 발전의 발목을 잡은 바다이야기 사건!

이렇게 게임 산업만 차별 받게 된 중요한 사건이 하나 있다. 2004년 게임 시장을 힘들게 만든 국산 아케이드 게임, 바다이야기가 바로 그 주범이다. 당시 바다이야기는 심각한 중독성과 도박성으로 사회에 큰 물의를 일으켰고 이로 인해 게임 사전심의를 전담하는 게임물관리위원회가 출범됐다. 이후 강화된 게임산업진흥에 관한 법률로 PC온라인 시대를 리딩한 게임사들이 직격탄을 맞았다. 환금성이 있는 게임은 국내에서 불법이 됐으며, 이 사건 하나가 PC온라인, 모바일 게임 산업까지 큰 파장을 불러일으키며 게임 산업의 발전을 막는 방해꾼이 됐다. 지금도 20년 가까이 시간이 흘렀지만 여전히 같은 규제가 게임 산업의 발목을 잡는 걸림돌이 되고 있다. 블록체인 시대로 패러다임이 넘어가는 중요한 시기에 시대착오적인 역행이 아닐 수 없다.

세금 관련법도 물가나 집값이 올라가는 속도에 맞는 세법 개정안을 내놓는다. 급속도로 발전하는 게임 산업은 약 15년 전에 만든 규제법을 따르고 있는 셈이다. 이제 모바일에서 블록체인 게임으로 시장이 빠르게 전환되었고 NFT 역시 급속하게 성장 중이다. 글로벌 전통 명품 기업은 물론 각 산업의 대표 기업도 블록체인 시장에 앞다퉈 뛰어 들고 있을 만큼 블록체인 시장은 이미 정해진 미래라 할 수 있다.

거듭해 말하지만 PC온라인 시대도, 모바일 시대도 모두 게임 산업이 대중화를 이끈 견인차 역할을 했다. 블록체인 시대도 마찬가지라고 본다. 20~30년 동안 국내 게임 비즈니스를 잘 이끌어 온 게임 회사들은 블록체인 기반의 P2E 게임을 발 빠르게 출시하고 있다. 하지만 시대를 거스르는 규제로 물길이 막혀 있는 상태이다. 그러다 보니 해외로 눈을 돌릴 수밖에 없는 실정이다. 이는 블록체인 기반 게임의 철학과 본질에 대한 정확한 이해가 없어서이다. 법률상 P2E 게임이 사행성을 조장한다는 이유로 정작 국내 게임사가 한국에서 게임을 출시할 수 없는 아이러니한 사태가 벌어지고 있다. 전 세계에 NFT는 물론 블록체인 기반 게임을 못하는 나라가 있다. 중국, 그리고 한국이다.

자유 민주주의, 자본주의를 지향하는 한국의 안타까운 현실이다. 그 동안 국내 게임 산업의 행보를 보자면 블록체인 게임도 한국이 세계 1위가 될 수 있다고 확신한다. 실제 필자의 회사가 개발한 NFT 게임이 블록체인 게임 분야에 세계 1위를 거머쥐기도 했다. 이 기회를 아쉽게 놓치지 않도록 시대에 맞는 제도적 방안을 빨리 마련해야 한다고 생각한다. 이제 블록체인 기반의 비즈니스는 거스를 수 없는 글로벌 트렌드다.

반면, 해외는 블록체인 기술을 기반으로 한 비즈니스가 활발히 진행 중이다. 그 중심에는 블록체인 게임이 있다. 초기 블록체인 시장이 열릴 때, 기존 게임 회사나 게임업에 종사한 사람들은 이 트렌드를 빠르게 읽고 글로벌 블록체인 게임을 출시했다. 전 세계 블록체인 게임 분야의 1, 2위를 다투던 두 게임 모두 한국 회사였다. 월 1만 명 이상의 결제 이용자를 확보하며 성공한 블록체인 게임이라 평가 받는 '이오스나이츠'는 실제 초기 블록체인 게임 분야에서 한국이 선두를 달렸지만 지금은 해외 기업에게 그 자리를 모두 내준 상태다. 대표적으로 베트남의

'스카이 마비스Sky Mavis'는 P2E 열풍을 일으킨 '엑시 인피니티Axie Infinity' 게임을 출시한 개발사다. 포켓몬처럼 아기자기한 캐릭터들이 전투를 하고 새로운 캐릭터를 합성하고 육성하는 게임이다. 어린 아이들이 즐길법한 게임성을 갖고 있다. 하지만 핵심은 이러한 게임 캐릭터들이 NFT로 거래가 된다는 점이다. 게임 이름과 같은 엑시 인피니티라는 코인도 발행했고 해외뿐 아니라 한국 가상자산 거래소에도 상장됐다. 엑시코인의 시가총액은 약 397억 6,310만 달러(한화 약 47조 원)에 이른다. 코인의 시가총액만 놓고 본다면 블리자드, 닌텐도, 로블록스, EA에 이어 세계 5위로 수직 성장한 게임사다. 블록체인 시장은 기발한 아이디어만 있으면 이렇게 신진 기업이 전통 기업을 앞서는 혁신적인 일도 일어날 수 있다.

Chapter 3

시대별
게임 수익화의
변천사

콘솔/PC/모바일 게임	e-스포츠 및 게임 방송	블록체인 게임
1990년대	2010년대	2020년대
제작사, 유통사	프로게이머, 게임 방송 인플루언서	일반 게이머(유저)
콘텐츠 생산 & 판매 수익	콘텐츠 활용 수익	콘텐츠 소비와 수익화
게임 직접 판매 및 유통 게임 IP를 활용한 콘텐츠 사업	게임 대회 상금 개인 방송의 광고 수익	게임 플레이 보상 게임 내 토너먼트 보상

게임 시장은 기존 콘텐츠 생산자 위주의 수익 구조에서 유저가 게임 플레이만으로도 수익을 얻을 수 있는 블록체인 게임으로 변화되고 있다. 게임 플레이 보상을 통해 유저가 직접 수익화를 실현할 수 있는 P2EPlay to Earn 시대가 본격화됐다.

게임 제작사·유통사만 수익 얻는 PC온라인 게임 시대

게임 수익 구조의 변화 과정은 1990년대의 PC온라인 시대, 2010년대의 모바일 시대, 그리고 2020년대의 블록체인 시대 크게 3단계로 나눌 수 있다. 게임은 전용 게임기를 TV나 모니터에 연결시켜 즐기는 콘솔 게임Console Game이 그 첫 문을 열었다. 마이크로소프트의 엑스박스Xbox나 소니 플레이스테이션PlayStation이 대표적인 콘솔 게임기다. 이후 본격적인 PC온라인 시대가 시작됐고 게임 제작사와 유통사만 수익을 얻었다. 유저는 유료화 및 부분 유료화 등 다양한 형태로 게임 사용료를 지불했다. 제작사와 유통사는 게임이 유명해지면 지식재산권이라 불리는 게임 IPIntellectual property를 통해 피규어, 폰케이스, 머그컵, 쿠션 등 2차 상품 판매로 수익 구조를 넓혀나갔다. 인기 웹툰 IP로 게임 콘텐츠를 생산하고 다시 게임을 통해 2차 저작물을 만들었다. 음악 콘텐츠를 게임에 접목해 히트를 치는 사례도 증가했다. 게임은 이렇게 단독 산업이 아닌 음악, 문학 등 인접 산업과 융복합해 게임 시장을 발전시키고 디지털 인프라 기반들을 만드는 역할을 담당했다.

1996년 국내 최초 초고속 인터넷 두루넷Thrunet 서비스의 시작 역시 게임 콘텐츠가 큰 영향을 끼쳤다. 유저는 온라인 게임 서비스를 사용하기 위해 두루넷을 설치했다. 인프라 플랫폼과 콘텐츠 홀더는 병행돼 발전하는데 이 인프라 산업을 견인한 동력이 바로 게임이다. 유저가 온라인 콘텐츠를 편하게 사용하기 위해서는 인프라 구축이 중요한데 인프라 사업자는 처음부터 막대한 자본 투자로 인프라를 전부 구축한다는 것은 사실상 불가능했다. 때문에 유저가 인프라 사용료를 내고, 그 기반으로 인프라 사업자가 수익을 얻으면서 인터넷 인프라가 콘텐츠 시장과 함께 성장했다.

프로게이머, 게임 방송 인플루언서도 수익을 얻는 모바일 시대

모바일 시장으로 넘어오면서 재미있는 현상이 일어난다. 인터넷 발전으로 데이터 통신이 원활해지고 스마트폰 보급으로 모빌리티Mobility 이동성이 높아졌다. 그러면서 스마트폰이 단순 전화 기능을 넘어 매스미디어 역할을 하게 됐다. 2019년 미국 시장조사기관 퓨 리서치Pew Research가 세계 27개 국가를 대상으로 표본 조사한 결과, 한국의 휴대폰 보급률은 100%로 나타났고, 이 중 스마트폰 사용자가 95%를 차지해 조사 대상 국가 가운데 스마트폰 보급률이 가장 높은 것으로 나타났다.

스마트폰은 남녀노소를 불문하고 이 시대를 살아가기 위한 필수품이 되었으며, 새로운 매스미디어로 발전했다. 기존 PC온라인 시대에서 인기를 끈 게임 콘텐츠가 매스미디어 역할을 하는 스마트폰에 들어오면서 대중성은 더욱 높아졌다. 게임 방송이 새로운 대중문화로 자리 잡았고 게임 방송을 진행하는 인플루언서는 콘텐츠를 활용한 새로운 수익을 얻었다. 유저도 게임 방송을 마치 넷플릭스 보듯 시청했고 이런 트렌드에 발맞춰 넷플릭스도 본격적으로 게임 시장에 진출했다.

PC온라인 시대에는 제작사와 유통사만 수익을 얻었다면, 모바일 시대는 스마트폰이 대중매체가 되면서 e-스포츠Electronic Sports에 참가하거나 게임 방송만 잘 만들어도 수익을 얻는 시장이 처음으로 열렸다. 2010년대 모바일 시대는 이렇게 유저가 e-스포츠에서 상금을 받거나 다른 인기 게임 생중계나 리플레이 등을 소재로 한 게임 방송 등으로 실제 수익을 얻는 인플루언서라는 새로운 직업, 즉 비즈니스 모델이 탄생됐다.

대표적으로 미국 아마존닷컴의 인터넷 방송 중계 서비스 트위치Twitch, 그리고 구독자 1억 명을 돌파하며 전 세계에서 가장 많은 구독자를 거느린 개인 유튜버 채널 퓨디파이PewDiePie, 유튜브 게이밍 등이 있다. 여기서 e-스포츠나 게임 방송에서 떠오르는 한국 회사가 있는가? 떠올려보자. 아쉽게도 모바일 게임 시대 역시 손꼽을 만한 국내 기업이 없다. 한국이 게임 분야 전 세계 1등을 리드하며 IT 강국이라 불리지만 아이러니하게도 시대를 대표할 만한 아이콘 기업은 탄생하지 않았다. 이 점이 무척 안타깝다.

본격적인 유저 수익이 이뤄진 사용자 중심의 블록체인 시대

콘솔부터 PC온라인 시대를 거쳐 모바일 시대에 이르기까지 빼놓은 것이 하나 있다. 바로 게임을 가장 많이 즐기는 유저, 즉 사용자다. 유저는 직접 돈을 내고 아이템을 구입해 게임을 즐긴다. 게임 인플루언서의 방송을 보고 '좋아요'와 '별풍선'을 아낌없이 보낸다. 글로벌 거대 플랫폼 기업은 광고도 콘텐츠라 주장하지만 유저는 그저 서비스를 사용하기 위해서 광고를 시청했고 기업은 유저의 소셜 그래프를 이용한 타겟 광고로 막대한 광고 수익을 얻었다.

게임이든 플랫폼이든 이 생태계를 만들고 지탱하는 것은 바로 우리들, 사용자이지만 잘 생각해보면 그 동안은 소비만 해왔다. 내가 정당하게 돈을 지불하고 산 게임 아이템은 정작 내 것이 아니었고, 매번 광고를 보면서 기업 수익에 기여했지만 이에 대한 적절한 보상은 전무했다. 디지털 경제 생태계 안에서 내가 올린 정보, 해시 태그 등 내가 만든 데이터에 대한 경제 보상은 하나도 없었다.

2018년 세계 최대 소셜미디어 페이스북 CEO 마크 저커버그는 사용자들의 데이터를 확보해 광고 수익을 극대화했다는 혐의로 미국 청문회에 서서 곤혹을 치렀다. 이를 계기로 데이터 소유권에 대한 문제가 대두됐고 유저들 역시 기업의 데이터 독점권에 대해 반기를 들기 시작했다. 디지털 경제 시스템상에 올린 유저 데이터는 당연히 유저 소유다. 이전까지는 이를 해결할 만한 기술이 없었지만 블록체인 특히 NFT라는 디지털 소유권 증명 기술이 떠오르면서 이 사회 문제를 기술적으로 해결할 방도가 생겨났다. NFT는 퍼블릭 데이터베이스 기반에서 개인 간의 거래 시에도 소유권이 완전히 넘어간다. 여기서 본질은 바로 소유권 이전에 있다. 국내외 많은 게임사는 블록체인 게임의 기술 개발 및 연구에 한창이며, 유저 또한 블록체인 게임 생태계를 통해 수익을 이룰 수 있기에 어떤 블록체인 서비스에 들어가서 열심히 활동하면 보상이 좋을지 고민하기 시작했다. 이런 패러다임 시프트는 현재 일어났고 머지않아 일상으로 자리잡을 것이다.

Chapter 4

게임 산업의
패러다임 변화

	레거시 게임		블록체인 게임	
	P2W(Pay to Win)	P2P(Pay to Play)	P2E(Play to Earn)	P2O(Play to Own)
패러다임	게임을 이기기 위해 혹은 게임을 하기 위해 돈을 지불(게임성)		수익화 게임 (게임성 + 경제성)	
디지털 자산 소유권	게임사 또는 유통사		유저	
수익자	제작사, 유통사, 게이머		제작사, 유통사, 게이머 + 유저	
게임 재화의 수익화	게임 플랫폼과 2차 시장 플랫폼 (아이템매니아, 아이템베이 등) 필요		게임 플랫폼 내에서 NFT 아이템 블록체인 생태계 내 디지털 자산으로 이동	

블록체인 기술과 NFT 성장으로 게임이 재미를 넘어 수익의 수단으로 활용되기 시작했다. 게임에 시간을 투자하고 그 노력의 대가로 보상 받거나 게임 아이템을 실제 소유하는 시대로 게임의 패러다임이 바뀌고 있다.

게임 산업의 패러다임 변화를 레거시Legacy와 블록체인 시스템의 차이를 통해 알아보자. 기존 레거시 게임은 게임 승패에 대한 경쟁심을 유발했다. 유저가 게임에서 이기기 위해 아이템을 사도록 유도하는 페이투윈Pay to Win 방식이었다. 유저는 게임을 위해 월 결제, 부분 유료화 등 게임별 결제 방식에 따라 비용을 지불했다. 블록체인 게임은 아이템 소유권이 유저에게 넘어가므로 C2C 거래를 통해 수익 창출이 가능하다. 수익을 구현하는 게임이기에 게임성과 경제성이 동시에 충족된다. 제작사, 유통사를 넘어 게이머, 유저 모두 수익이 가능한 구조로, 게임을 하면서 수익화를 하는 P2EPlay to Earn가 본격적으로 등장했다. 레거시 시스템에서도 유저의 수익 구조는 존재했다. 리니지는 '리니지 아덴'이라는 게임 머니를 벌거나 게임 아이템을 현금으로 거래하며 수익을 얻을 수 있다. 사행성과 도박성을 유도해 게임으로 수익을 얻는 환금성은 불법이지만 유저가 노력해서 얻은 아이템이고, 유저 간의 거래는 문제가 없다는 법원의 판결 때문이다.

　　필자는 블록체인 게임 역시 이 현행법을 준수하면 어느 정도 해결이 가능하다고 본다. 하지만 논의해야 할 부분도 있다. 기존 게임 회사는 중앙화된 데이터베이스 방식이기에 컨트롤 권한을 가지고 있다. 블록체인 게임은 데이터베이스를 게임회사가 마음대로 조정할 수 없다. 블록체인은 탈중앙화된 분산 네트워크이고 스마트 컨트랙트 기반으로 설계됐기에 합의 없이는 수정이 불가능하다. 이를 만든 회사조차도 고치지 못한다. 이런 공정한 경쟁 환경과 기술에 대해 깊게 생각해봐야 한다.

블록체인 게임의 플랫폼과 플레이어

블록체인 기반의 NFT 게임은 스마트 컨트랙트로 NFT를 발행하기 때문에 이미 모든 권한이 유저에게 있다. 이 생태계에서 게임 회사는 콘텐츠를 제공하는 플랫폼이자 유저와 함께 경쟁하는 플레이어다. 블록체인을 토대로 한 데이터 3.0 시대는 이렇게 플랫폼과 플레이어로 나뉘게 될 것이다. 게임이 개발되고 프로토콜이 정해져 블록체인에 넘어가면 게임 서비스는 플랫폼이 된다. 이를 기여한 개발사나 유저는 모두 플레이어이다. NFT 게임 크립토도저를 개발한 플레이댑을 예로 들어보자. 플레이댑 플랫폼이 완성되면 플레이댑은 이제 유저와 함께 토큰 이코노미 경제를 따르는 플레이어가 된다. 이게 중요한 포인트이다. 플랫폼과 플레이어로 나뉘는데, 블록체인 기반의 프로토콜 경제이기에 가능한 구조다. 이는 앞으로 디지털 경제 생태계의 중요한 핵심이자 큰 틀이 될 것이다.

NFT 게임에 열광하는 이유

2021년 1분기, 비플Beeple, 크립토펑크Crypto Punks 등 디지털 아트 NFT가 NFT 시장을 주도했다면, 2분기는 블록체인 게임 관련 프로젝트가 NFT 성장을 이끌었다. 글로벌 NFT 시장 규모 역시 기하급수적으로 증가해 2021년 16조 8천억 원에서 2025년에 96조 원까지 커질 것으로 전망된다.

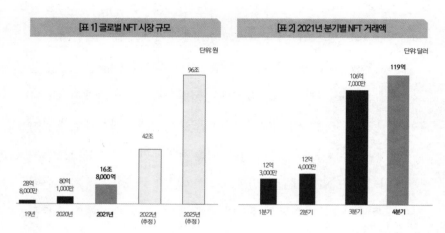

[표 1] 글로벌 NFT 시장 규모

단위: 원

96조

42조

16조
8,000억

80억
1,000만

28억
8,000만

19년 2020년 2021년 2022년 2025년
                      (추정)   (추정)

[표 2] 2021년 분기별 NFT 거래액

단위: 달러

119억

106억
7,000만

12억
3,000만

12억
4,000만

1분기 2분기 3분기 4분기

[표 1] 출처: 스태티스타, 제퍼리 투자은행
[표 2] 출처: 블록체인 데이터 플랫폼 댑레이더

소유권

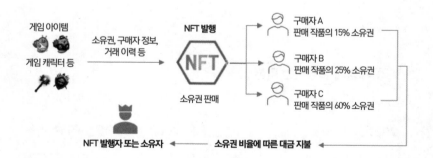

게임 아이템

게임 캐릭터 등

소유권, 구매자 정보,
거래 이력 등

NFT 발행

NFT

소유권 판매

구매자 A
판매 작품의 15% 소유권

구매자 B
판매 작품의 25% 소유권

구매자 C
판매 작품의 60% 소유권

NFT 발행자 또는 소유자 ← 소유권 비율에 따른 대금 지불 ←

- 게임 화폐, 게임 캐릭터 등 게임 자산을 디지털 자산으로 인정
- 디지털 자산 소유권을 이용자에게 부여
- 디지털 창작물 소유권 보장
- 게임 캐릭터 실질 소유권: 게임사(기존) → 이용자·유저(변경)

인센티브

소유권 비율에 따른 대금 지불

- 디지털 자산 NFT, 거래소에서 거래 가능
- 거래 대금으로 받은 가상자산이 오르면 추가 수익
- NFT 재판매에 대한 로열티 발생으로 새로운 추가 수익 발생
- 강력한 게임 경제 생태계 구축을 통한 추가적인 인센티브 제공

왜 사람들이 이렇게 NFT 게임에 열광하는 것일까? 그 이유는 분명하다. NFT는 디지털 자산의 희소성 및 원본 증명이 가능하고 소유자 정보와 거래 이력 등의 데이터가 위·변조될 수 없으며 새로운 형태의 수익 창출 기회를 제공하기 때문이다. 먼저 NFT 게임은 게임 유저가 그 동안 잃어버린 소유권 이전 문제를 해결했다. 게임 아이템 소유권은

물론 거래 이력들이 투명하게 공개된다. 인센티브도 확실하다. 유저가 시스템 안에서 열심히 활동하고 생태계 구축에 기여하면 스마트 컨트랙트로 규정대로 보상을 받는다. 그럼 기존에는 어땠을까? 게임 회사는 그들의 사정 혹은 더 큰 수익을 위해 스스로 정해 놓은 규정들을 마음대로 수정했다. 2022년 4월, 구글이 인앱 결제 의무화를 발표하며 수수료 정책을 수정한 것을 보면 쉽게 알 수 있다. 유저가 늘어나니 더 큰 수익을 얻기 위해 수수료를 올렸다. 구글 결제 시스템을 이용할 때 최대 30% 수수료를 낸다. 레거시 시스템의 수수료는 회사가 임의로 바꿀 수 있다. 블록체인 게임은 스마트 컨트랙트에서 만들어 배포하기에 수정이 어렵다. 유저가 늘고 게임이 성공하면 당연히 기업은 수익에 욕심이 생기겠지만 미리 정해놓은 룰을 따라야 한다. 유저가 실제 게임 산업에 기여했기에 서비스가 성장했고 이에 따른 보상도 함께 나누는 것이 공정한 경제 시스템이다. 회사가 정책을 계속 바꾸려는 시도는 욕심으로 발생한 문제이다. 블록체인 게임은 프로그램이 이를 원천적으로 차단한 기술이다.

블록체인 게임은 유저 보호를 위해서도 합리적인 기술이다. 게임을 잘 만드는 건 게임업을 하는 이들에게는 기본적인 임무이다. 제작사는 게임을 잘 만들고 유통사는 이를 잘 배포하고, 모두 처음 정한 규칙을 잘 준수해야 마땅하다. 다양한 콘텐츠를 지속적으로 추가 개발해 똑같은 비율이라 하더라도 시장의 규모를 키우면서 영업 이익을 늘려나가는 것이 전반적으로 바람직하다. 유저가 늘었다고 수수료 정책을 높게 올리는 건 주식회사이기 때문이다. 회사 가치와 주식 가치가

블록체인과 데이터 3.0

사업이익(영업이익)과 연결됐기에 발생하는 문제다. 블록체인 게임 시장은 이를 철저히 분리한다. 이 얼마나 매력적인가! 분명 블록체인 게임 시장은 이렇게 흘러갈 것이다. 게임 시장을 이끈 유저가 모두 원하는 바람이다.

모바일 시대의 스마트폰은 매스 미디어 역할을 하면서 많은 정보들이 빠르게 공개됐다. 정보의 비대칭성 문제가 대중매체가 된 스마트폰으로 빠르게 해결됐다. 스마트폰이 정보 교환의 인프라가 됐다. 이렇게 대중은 시시각각 빠르게 변화하는 정보를 스마트폰으로 쉽게 접했고 불합리에 대한 문제를 인지하게 됐다. 이제 이에 맞는 플랫폼과 플레이어, 블록체인 기반의 에코 시스템으로 갈 수밖에 없다. 거스를 수 없는 시대의 흐름이다. 사용자는 기존에는 인식하지 못했던 디지털 경제 시스템에 대한 합리적인 보상을 원한다. 자신이 노력하고 기여한 정당한 대가를 받아야 한다.

Chapter 5

블록체인 게임 시장이
합리적인 보상에 대한
새 지평을 열다

대표적인 유저 보상 히스토리

최근 다양한 분야에서 기존 보상 체계를 보완한 서비스가 잇달아 출시되고 있다. 대표적으로 블록체인과 결합한 웹 3.0 플랫폼에 참여하고 돈을 버는 X2Ex to Earn 서비스가 확장되는 추세다. 블록체인 기반 서비스가 등장하기 전인 2012년 이전에는 CPI, CPA 방식의 유저 보상 체계가 있었다. CPI는 Cost Per Install의 약자로, 특정 앱을 설치만 해도 보상을 지급하는 방식이다. CPA는 Cost Per Action의 약자로, CPI에서 더 나아가 일정 수준까지 플레이를 완수하면 보상을 지급한다. 이는 모바일 게임에서 주로 사용되는 방식으로 다운로드 증가와 유저 유입은 물론 인기 순위 상승까지 동시에 누릴 수 있는 효과를 가져온다. 문제는 입출금 수수료나 정산이 불투명하다는 점이다. 또 게임사는 약관을 업데이트하면서 정책을 변경한다. 서비스를 만들 때 깊게 고민하고 잘 설계를 했으면 그 약속을 지켜야 한다. 이게 바로 프로토콜이다. 블록체인 기반의 보상은 모든 기록이 투명하게 공개되고 수정이 불가능하다. 정해진 규칙을 계속 지켜나가는 태도가 블록체인 기반 서비스의 기본 정신이다. 블록체인 기술을 외면한 코인 투자만 바라봐서는 안 된다. 제대로 된 블록체인 기술을 활용해서 서비스를 만들고 문제를 해결하기 위해 노력하는 회사가 많다. 그 회사들을 잘 선별해 기회를 줘야 한다.

2014~2015년도 비트코인, 이더리움이 출시되면서 2016년부터 블록체인 기반의 다양한 보상 서비스가 등장했다. 대표적으로 블록체인 기반의 미디어 플랫폼 스팀잇Steemit을 꼽을 수 있다. 유저가 제작한 콘텐츠를 올리고 다른 유저가 판단해 마음에 들면 페이스북 '좋아요'와 같은 업보트Upvote를 누른다. 업보트에 따라 자체 토큰으로 보상을 받는다. 자신의 콘텐츠가 바로 수익 모델인 셈이다. 이때부터 블록체인 기반의 토큰 이코노미를 적용해 사용자가 수익화를 하며 게임하는 P2E가 등장했다.

2019년 일본 개발사 '더블점프도쿄Double jump.tokyo'가 서비스하는 마이 크립토 히어로즈(MCHMy Crypto Heroes)는 블록체인 기반 게임 분야에서

CPI / CPA (Cost per Install/Action)	블록체인 도입	블록체인 기반 보상 서비스
▼		▼
2012년~		2016년~
광고주의 앱 다운로드, 미션에 참여하고 보상 받음. 주로 게임 다운로드 순위나 특정 지표 달성 위해 진행됨		블록체인 기반의 다양한 보상 서비스 등장. 주로 광고, 콘텐츠 제작에 대한 보상, 토큰과 같이 수익화 가능한 블록체인 기술로 해결

Tapjoy   cashslide

문제점	문제점
• 광고 서비스로 유입이 안 됨 • 글로벌 현금화의 어려움 • 입출금 수수료 및 정산 불투명성	• 보상 받는 대상이 한정 되며, 추가 유입 힘듦 • 시장 규모의 한계, 2018년 크립토 겨울(Crypto Winter)

https://www.ajunews.com/view/20220508184323057   https://www.blockmedia.co.kr/archives/229297

플레이댑의 크립토도저와 1, 2위를 다툰 P2E 게임이다. 하지만 '마이 크립토 히어로즈'는 대기업에 인수되면서 기존 레거시 서비스를 고수하다 금세 순위 자리에서 밀려났다. 크립토도저는 신생 스타트업으로 블록체인 철학에 맞게 다양한 시도를 접목하며 1위 자리를 두고 각축을 벌였다.

P2E 시장에 정점은 찍은 게임이 '엑시 인피니티'이다. 엑시는 역사상 유례없는 속도로 가파른 성장을 이어가며 P2E 시장의 포문을 열었다. 2021년 8월 9일 기준, DAU_{Daily Active Users}(일간 활성화 사용자)는 80만 명

P2E
(Play to Earn)

X2E
(X to Earn)

2018년~

크립토키티 NFT의 사용성 확장으로
2019부터 다수의 P2E 게임이
등장하기 시작

2022년~

2021년 NFT의 성공 이후, 크립토
시장은 일련의 행위를 통해 수익을
얻을 수 있는 X2E 등장. 사용자 활동에
따라 보상을 받는 다양한 서비스로
확장 중

문제점

• 게임 퀄리티 및 재미 요소 부족
• 토큰 가격에 연동된 생태계 구성

https://www.sedaily.com/NewsView/264VBFGPYZ

을 돌파했고 일 거래량은 3,300만 달러에 달했다. 같은 해 7월 3주차 주간 수익만 보더라도 개발팀 수익 기준 3,800만 달러를 기록했고 3,280만 달러 수익을 달성한 이더리움 재단을 넘어 1위를 차지하기도 했다.

이렇게 PC온라인에서 모바일, 그리고 블록체인 시대의 대중화 역할은 게임이 담당했다. 하지만 2022년 각종 규제로 성장길이 막힌 P2E 시장은 규제에서 상대적으로 자유로운 'X2E(X 하면서 돈 벌기)' 사업으로 서비스를 확장했다. 대표적인 X2E는 걸으면서 돈을 버는 M2E_Move to Earn가 있다. 게임과 비슷한 서비스로 수익화를 하지만 동시에 운동으

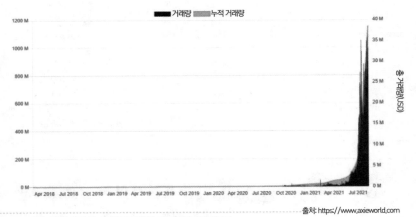

2021년 7월 한 달간 약 4억 달러 매출을 기록한 엑시 인피니티

로 건강을 챙긴다는 장점이 부각돼 그간 P2E에서 문제된 이슈로부터 자유로워졌고 이로 인해 다양한 X2E 서비스가 탄생하는 도화선이 됐다. M2E 앱 중 가장 활성화된 것은 호주의 '파인드사토시 랩'이 제작한 스테픈STEPN이다. 앱 내 NFT 운동화를 보유한 이용자가 야외에서 걷거나 뛸 경우 스마트폰 GPS와 연동돼 운동량에 따른 보상이 GST(그린 사토시 토큰)로 제공된다. GST는 가상자산 거래소를 통해 현금화하거나 운동화 업그레이드를 위해 사용할 수 있다. 서비스는 최소 50~100만 원 상당의 운동화NFT를 구매하고 야외에서 달리기를 하면 보상으로 자체 토큰을 받도록 설계됐다. 이 외에도 배우면서 수익을 얻는 L2ELearn to Earn, 여행하면서 수익을 얻는 T2ETravel to Earn 등 각각의 특화된 생활형 서비스를 바탕으로 수많은 X2E 서비스가 속속들이 등장하며 X2E의 시대를 열었다.

이제 걷고 노래하고 게임하고 배우고 하는 등 무언가를 하면서 돈을 버는Something to Earn, 사용자의 모든 활동 데이터가 수익화가 되는 세상이다. 가상 세계에서 혹은 현실의 서비스 앱을 이용하면서 다양한 활동을 하면 그에 따른 경제적 보상이 따른다. 모든 디지털 행동이 경제 활동으로 인정되기 시작했다. 이점이 바로 데이터 3.0 디지털 경제의 핵심이다.

고객 확보를 위한 마케팅 수단이 된 금융권의 새로운 비즈니스 모델

걸으면 돈 버는 스테픈STEPN이 국내 서비스가 가능해지면서 은행, 카드, 핀테크 등 금융권도 블록체인을 기반으로 한 X2E 생태계에 합류했다. 블록체인이라는 시대 흐름에 동참하면서 동시에 충성 고객을 확보하기 위한 마케팅 수단으로 포인트 보상을 활용한다. 금융권에서 지급하는 포인트 보상은 수익화 혹은 플랫폼에서 현금처럼 사용이 가능하다.

하나은행은 '하나머니' 앱에서 머니사다리 서비스 내 광고를 보고 사다리게임을 하면 최대 5만 머니까지 제공한다. 5만 머니는 5만 원으로 바꿀 수 있다. 신한카드는 '신한플레이pLay' 앱 내 'pLa오락실'에서 미니게임 참석 시 마이신한포인트를 지급한다. 웰컴저축은행도 자사 대출 상품 이용 고객을 대상으로 누적 걸음 수 집계에 따라 최대 3,000원을 지급하는 헬스케어 서비스 '웰뱅 워킹'을 선보였다. 토스 또한 앱을 켜고 걸으면 걸음 수에 따라 포인트를 받을 수 있는 만보기를 운영 중이다. 하루 최대 140원 토스 포인트가 지급된다. 삼성금융네트웍스의 통합 앱 '모니모Monimo'도 걸음 수에 따라 전용 리워드 젤리를 받을 수 있다. '모니머니'는 보험가입, 송금, 펀드투자 등에 현금처럼 사용이 가능하다. KB국민카드는 케이비페이Kbpay 앱과 리브메이트 앱에서 출석체크, 아이디어 공모 등의 이벤트를 열고 포인트를 지급한다.

Chapter 6

X2E 프로젝트
대표 사례

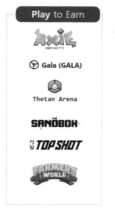

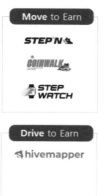

블록체인과 결합된 데이터 3.0 시대는 플랫폼에 참여하고 돈을 버는 'X to Earn' 서비스가 확장될 전망이다. 이를 위해 기존 보상 체계를 개선한 다양한 분야의 블록체인 기반 서비스들이 잇달아 출시되고 있다.

블록체인 기반 SNS 커뮤니티, '스팀잇'

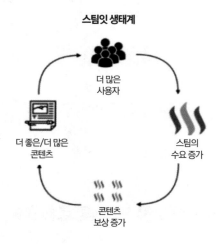

스팀잇 생태계

출처: 스팀잇

· 2016년 출시 2년 만에 100만 명 달성
· 유저가 콘텐츠를 생산하고 다른 유저에게 업보팅을 받으면 별다른 절차 없이 직접적인 수익을 받는 구조이기에 기존 SNS에 비해

공정한 분배가 가능. 그 결과 빠르게 유저 유입

- 광고나 유료화에 의존하지 않아 기존 플랫폼 광고에 지친 유저에게 매력적으로 어필
- 주어진 보상은 중앙화 거래소를 통해 편하게 거래 가능, 자체 체인을 사용해 낮은 전송 수수료와 빠른 전송 속도를 가진 것 또한 유저의 긍정적인 반응 이끌어냄
- 단, 인센티브 지급 구조가 특정 유저층에게 집중, 그에 대한 구조적 장치 미비

스팀잇Steemit은 2016년 출시된 블록체인 기반의 SNS 커뮤니티 서비스다. 콘텐츠가 다른 유저에게 업보팅Upvoting(추천)을 받으면 그에 비례해 스팀STEEM 혹은 스팀달러SBD 코인을 지급받는 보상을 제공한다. 기존 SNS 플랫폼은 유저를 모아 광고 수익을 얻었다. 스팀잇은 광고를 유료화하지 않기에 업보팅을 통한 양질의 콘텐츠를 만날 수 있다. 제3자의 관여 없이 민주적 투표로 도출된 콘텐츠가 우선적으로 노출된다. 기존 레거시 시스템은 광고 또는 플랫폼의 의도로 인해 민주적으로 합의되지 않은 기사들이 전면에 노출되는 경우가 있었다. 플랫폼의 파워일 수 있지만 우리가 원하는 양질의 콘텐츠는 민주적인 합의와 절차를 통해 노출되어야 바람직하다. 이 점이 바로 블록체인 기술이 구현하고자 하는 철학이다.

노래하면서 돈 버는 '썸씽'

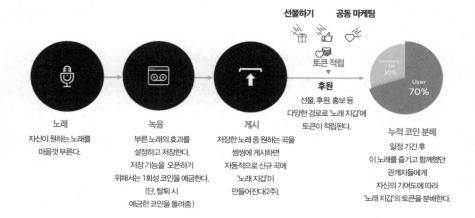

출처: 썸씽

- 2020년 클레이튼 메인넷 전환 후 블록체인상 누적 총 트랜잭션 670만 건 돌파
- 2020년 5월, JYP 엔터테인먼트가 무인 오디션 시스템에 애플리케이션 솔루션을 제공하고 유지·보수하는 계약 체결, 스튜디오 노래방 프로그램 제공하고 보상으로 썸씽 토큰 지급
- 2021년 11월, 글로벌 최대 숏폼 영상 콘텐츠 플랫폼 '틱톡'과 MOU 체결, 썸씽에서 사용자가 창작한 콘텐츠를 틱톡에 바로 업로드하는 틱톡 해시태그 챌린지 개발로 비즈니스 기회 창출

썸씽SOMESING은 노래방 서비스와 클레이튼 기반의 블록체인 생태계

를 결합한 SNS 노래방 앱이다. 기존 노래방 서비스처럼 노래를 부르고 다른 유저에게 자신이 부른 노래를 공유해 후원도 받을 수 있는 공정한 보상 시스템을 제공한다. 노래하며 돈을 버는 S2E Sing to Earn인 것이다. 사용자는 블록체인을 기반으로 만들어진 생태계 안에서 노래를 창작, 다른 유저와 이를 공유하며, 콘텐츠 생산 기여도에 따라 보상을 제공한다. 일반 사용자뿐 아니라 전문 크리에이터도 참여가 가능하다.

P2E 시장의 광풍을 몰고 온 '엑시 인피니티'

엑시 인피니티 토큰 생태계

출처: 엑시 인피니티

- 코로나19로 실직한 필리핀 실업자 사이에서 선풍적인 인기로 시작, 다큐멘터리가 제작될 정도로 큰 인기이며 유튜브에서 42만 회 다큐멘터리 영상 조회 수 기록
- 2021년 10월, 일일 활성 사용자DAU 200만 명 기록, 34억 9,000만 달러(한화 4조 3,000억 원)의 거래 규모 달성
- 엑시 인피니티의 활성화 지표 및 매출 현황은 P2E 산업의 청신호를 나타냄
- 최근 신규 P2E 게임의 출시가 상승세를 보이지만 엑시 인피니티의 활성도 지표가 유지돼 사용자 충성도가 높음을 보여줌

P2EPlay to Earn 게임의 대명사가 된 엑시 인피니티Axie Infinity는 이더리움 기반 NFT 게임 프로젝트이다. 게임 내 펫인 '엑시Axie' NFT를 교배·거래해 특수한 엑시를 만들고, 미션을 통해 AXS, SLP 토큰을 얻는다. 엑시 인피니티가 P2E 시장 발전의 단초가 되면서 다른 게임사 역시 블록체인 기반의 NFT 게임 시장으로 뛰어들었다.

2019년 말, 코로나 팬데믹이 시작되면서 관광업으로 생계를 유지하는 필리핀, 태국, 인도네시아 등의 동남아시아 국가는 먹고 사는 문제가 심각한 사회 문제로 떠올랐고 일자리를 잃은 많은 노동자들은 P2E 게임에 몰려들었다. 실제 유저들은 게임을 통해 수익을 얻었고 게임만 열심히 하면 기존 월급 이상의 돈을 벌 수 있었다. 이로 인해 게임으로 실제 경제 활동이 가능해진 사례를 증명했다.

특히 필리핀을 중심으로 P2E 게임이 뜨겁게 떠올랐고 20대부터

블록체인과 데이터 3.0

40~50대에 이르기까지 다양한 세대에서 인기를 끌었다. 남미의 이용자도 빠르게 늘어났다. 무엇보다 엑시 인피니티는 NFT를 게임에 활용하면서 그 사용성을 입증했다.

하지만 이와 관련한 문제도 많이 발생했다. 2021년 12월, 상대적으로 게임 내에서 토큰의 사용처가 줄어든 유저의 지나친 현금화로 SLP 토큰 가격이 하락했다.

이용자 폭증에 따른 속도 개선과 수수료 절감을 위해 선택한 자사 사이드체인인 '로닌'에서 6억 2,500만 달러(한화 약 7,559억 원) 규모의 가상자산이 유출되는 사고도 발생했다. 이는 자사 사이드체인 구축으로 인한 문제이며 진정한 블록체인 기반의 게임이 아니라는 점이 부각돼 인기도 점차 시들어지는 추세다. 블록체인 기반을 내세우는 게임 중 진정한 블록체인 네트워크를 구축했는지 잘 살펴보는 지혜가 필요하다.

걸으면서 돈 버는 '스테픈'

- 스테픈STEPN 자체 가상자산인 스테픈(GMT) 업비트, 미국 코인베이스 거래소 상장
- 일간 순사용자 1만여 명 달성, M2E의 대표주자
- 국내 게임물관리위원회는 M2E 서비스가 게임이 아니라고 판단

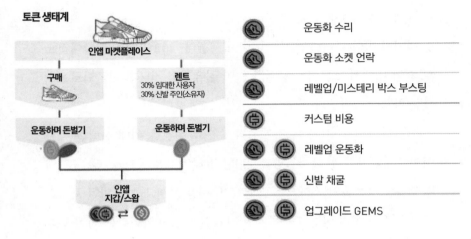

본격적으로 일상에 찾아온 맞춤형 M2E_{Move to Earn} 모델이다. NFT 신발 구매 후 정해진 강도로 일정 시간 운동하면 그에 따른 보상을 자체 가상자산인 GMT(스테픈)로 지급한다.

스테픈은 실제 신발이 아니라 NFT 신발을 구입해 걸어 다니면 그에 따른 보상으로 토큰을 받는다. NFT 신발은 실제 신발처럼 많이 걸으면 신발이 낡아져 NFT 퍼포먼스가 떨어진다. 그래서 NFT 최초로 수리 개념을 넣었다. NFT 개발사 입장에서는 수익이 지속적으로 발생하는 좋은 비즈니스 모델이다.

NFT는 한 번 지급되면 영원하다. 없앨 수도 지울 수도 없다. 이로 인해 서비스 사업자는 시간이 지날수록 손실이 나는 문제가 생길 수 있는데 이를 해결한 첫 번째 케이스이다.

배우면서 돈 버는 '스테이츠다오'

스테이츠다오States DAO는 정식으로 출시된 서비스는 아니다. 배우면서 돈 버는 L2ELearn to Earn 기반으로 교육과 학습의 경계를 허무는 커리어 플랫폼을 앞세운 서비스다. 참여자는 멘토라 불리는 선생님과 매칭돼 학습, 교육 코스를 수료하면 토큰을 획득할 수 있다. 보통 온라인 클

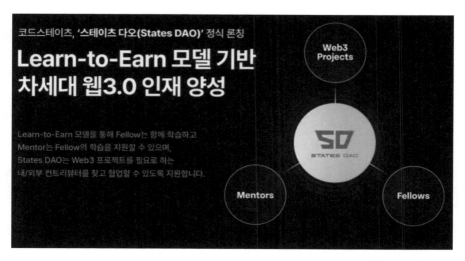

래스를 신청해도 항상 초급만 하다 끝나는 학습 패턴을 교정하는 좋은 동기 부여가 될 수 있는 모델이다. 공부도 이제 하나의 경제 활동으로 포함된다는 것을 의미한다.

블록체인과 데이터 3.0

Chapter 7

X2E의 꽃은
뭐니 뭐니 해도 게임!
P2E를 주목하자

블록체인 게임의 비즈니스 모델 변화

플랫폼과 게임사 중심이었던 수익 구조가 생산자와 소비자 중심으로 옮겨졌다. 블록체인 기반 게임은 단순한 콘텐츠 소비자가 아니라 콘텐츠 생산과 수익화 주체라는 새로운 지위를 인정받는다. 데이터 2.0까지는 페이 투 플레이(P2P~Pay to Play~), 게임을 하려면 돈을 지불해야 하는 유료 결제 방식이었다. 주로 코어 게이머 대상이다. 프리 투 플레이(F2P~Free to Play~)는 누구나 무료로 게임을 즐길 수 있지만 부분 유료화 방식

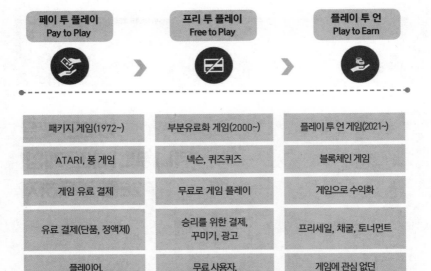

페이 투 플레이 Pay to Play	프리 투 플레이 Free to Play	플레이 투 언 Play to Earn
패키지 게임(1972~)	부분유료화 게임(2000~)	플레이 투 언 게임(2021~)
ATARI, 퐁 게임	넥슨, 퀴즈퀴즈	블록체인 게임
게임 유료 결제	무료로 게임 플레이	게임으로 수익화
유료 결제(단품, 정액제)	승리를 위한 결제, 꾸미기, 광고	프리세일, 채굴, 토너먼트
플레이어, 코어 게이머 대상	무료 사용자, 라이트 게이머까지 대중화	게임에 관심 없던 비게이머까지 대중화

이었고, 플레이 투 언(P2E Play to Earn)은 블록체인 게임으로 게임도 즐기고 수익도 얻는 기능을 동시에 하면서 게임 대중화를 이끈다.

P2E 모델의 구조

P2E 게임 구조의 핵심은 게임에서 발생한 수익의 상당 부분(엑시 인 피니티의 경우 약 95%)을 유저에게 돌려준다는 점이다. 게임 플레이에 필 요한 핵심 재화는 판매되지 않는다. 게임 내 보상으로 받거나 게임 플레 이, 기타 활동을 통해 획득이 가능하다. 이렇게 얻어진 재화는 유저 간 C2C 마켓에서 직접 교환하거나 게임 토큰을 매개로 간접 교환이 된다.

블록체인과 데이터 3.0

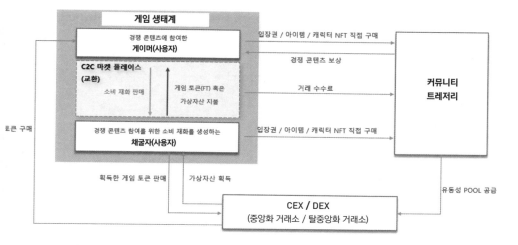

P2E 모델은 게임에서 발생한 수익을 유저에게 돌려준다. 게임으로 얻은 재화는 유저 간 C2C 마켓에서 직접 교환하거나 게임 토큰을 매개로 가상자산 거래소에서 다른 가상자산과 교환이 가능하다.

게임 토큰은 DEXDecentralized Exchange(탈중앙화 거래소)나 CEXCentralized Exchange(중앙화 거래소)에서 다른 가상자산으로 교환이 가능하다. 반면, 플랫폼 및 게임 개발사는 각 재화가 판매·교환될 때 발생하는 거래 수수료가 주요 수익이다.

P2E 생태계 유지에는 커뮤니티가 무엇보다 중요하다. 기존 게임 산업은 이미 커뮤니티 중심으로 서비스가 운영되었다. BTS도 BTS 팬덤인 아미들이 커뮤니티를 지탱한다. 스타-팬 구조다. 게임도 마찬가지이다. 이를 비교하면 스타는 게임이고, 팬은 유저이다. 팬심을 잃어서는 안 된다. 많은 팬 확보와 특히 코어 팬들의 역할이 필수적이기에 합리적인 보상이 필수이다. 이게 P2E 게임의 본질이다. BTS 소속사 하이브가 NFT 시장에 진출한 것도 이 보상에 대한 이해도가 높기 때문이

다. 모든 시장이 이런 흐름으로 가고 있다. 아미는 BTS 음반과 콘서트 티켓을 구매한 소비자겸 이 커뮤니티를 만들고 발전시키는 생산자다. 이에 대한 보상이 반드시 필요한 시대이다.

국내 P2E 게임,
규제 속에서도 글로벌 블록체인 게임의 승부가 시작되다!

국내 주요 K-게임사 P2E 시장 진출

전 세계를 휩쓴 P2E 게임 열풍으로 국내 주요 게임사도 블록체인 게임 시장에 빠르게 진출하고 있다. 블록체인 게임 유저 증가로 P2E 게임 투자와 출시는 앞으로도 지속적인 증가 추세를 보일 것으로 전망된다.

국내 주요 게임사 P2E 게임 출시 현황

게임사	P2E 게임	자체 토큰
com2uS	골프스타, 거상M 장비록, 서머너즈워: 크로니클 크리티가 온라인, 월드오브 제노니아	C2X
netmarble	챔피언스: 어센션	ITAM/MBX
ncsoft	리니지 블록체인화	-
kakaogames	오딘: 발할라 라이징	BORA
NEOWIZ	크립토 골프 임팩트, 브라운더스트	NPT(네오핀)

출처: 각 회사

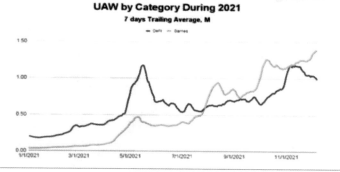

UAW by Category During 2021
7 days Trailing Average, M

가상자산 거래를 위해 사용되는 전체 지갑 수를 의미하는 순활동 지갑 수(UAW, Unique Active Wallet)는 2021년 270만 개 이상으로 전년 대비 592% 증가했다. 이 중 140만 개 이상의 UAW가 블록체인 게임에 연결되어 있다. 즉, 블록체인과 상호작용하는 지갑을 보유한 이용자의 절반 이상이 블록체인 기술이 결합된 게임을 즐긴다고 해석할 수 있다.

출처: 댑레이더

최근 P2E가 게임시장의 새로운 먹거리로 급부상하면서 국내 게임사들 역시 P2E로의 움직임이 활발하다. 하지만 아쉽게도 정부의 P2E 게임 규제로 인해 국내 게임사들은 국내 정착을 우선순위에 두지 않고 해외 시장 진출을 먼저 꾀하고 있다. 이런 국내 게임사의 P2E 시장 진출은 블록체인 기반 게임이 본격적으로 산업화되고 있다는 것을 보여주는 증거이다.

컴투스는 지난 2021년 9월, 블록체인 기반의 게임 팀을 대대적으로 새롭게 구성하고 P2E 글로벌 시장 진출에 도전장을 냈다. 자체 메인넷 '엑스플라'를 새로 개발하는 과정을 겪었지만 오히려 의미 있는 시도라 생각한다. 컴투스의 글로벌 P2E 전략은 기존 인기 게임을 블록체인 기반 게임으로 업그레이드하는 방식이다. 컴투스는 한국보다는 해외에서 더 인지도가 높다. 게임 매출의 80% 이상이 해외에서 발생한다. 이미 글로벌 게임 회사로서 경험을 많이 쌓았고 블록체인 기술에 대한 깊은 이해와 진정성 있는 접근을 하기에 성공 가능성이 높다고 평가된다.

블록체인 기반의 P2E 게임 '서머너즈워: 백년전쟁'과 '크로매틱소울: AFK 레이드'를 자체 C2X 플랫폼에 선보였으며 '게임빌 프로야구'도 최근 신규 재화 '골드볼'을 도입했다. 향후 '서머너즈워: 크로니클', '워킹데드: 아이덴티티', '낚시의 신: 크루', '미니게임천국' 등의 게임도 출시를 앞두고 있다.

'A3: 스틸얼라이브'와 '제2의 나라: 크로스월드'의 P2E 버전을 선보인 넷마블 역시 2022년 하반기 다양한 P2E 게임을 준비 중이다. 자체 기축통화 기반 블록체인 생태계인 MBX(마블엑스)와 자회사 넷마블에프앤씨의 CUBE(큐브) 생태계를 기반으로 글로벌 블록체인 시장 공략에 속도를 낼 계획이다. 이 외에도 카카오게임즈는 자회사 '메타보라'의 블록체인 프로젝트 '보라BORA'를 리뉴얼하는 '보라 2.0'을 통해 블록체인 기반의 게임, 엔터테인먼트 등의 서비스를 준비하고 있다. 네오위즈는 네오핀NPT 기반 게임 '크립토 골프 임팩트'와 '브레이브 나인(브라운 더스트 글로벌판)' 등을 출시했다.

Chapter 8

P2E 게임의 한계 및
위기 요인과 그 대안

외부 변수와의 밀접한 관계!
엑시 인피니티, P2E 게임의 한계 및 위기 요인

플레이댑이 발표한 엑시 인피니티Axie Infinity의 사례를 중심으로 P2E 게임의 성공 요인과 한계점을 분석한 리포트를 살펴보면, 엑시 인피니티가 보상으로 제공하는 토큰 가격은 이더리움 가격 및 메인넷 변동 등 외부 변수와 밀접한 관계를 지닌다는 점을 알 수 있다. 또한 가상자산의 가격 상승 기간에는 다수가 수익을, 가격 하락 기간에는 대다수가 손실을 얻는다는 한계점이 발견된다.

SLP 유통량이 게임 생태계에 미치는 영향

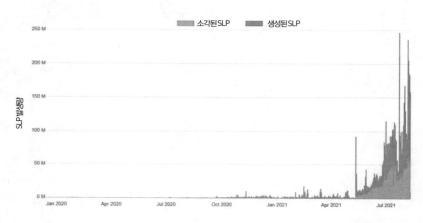

출처: 엑시 인피니티

엑시 인피니티에는 크게 3가지 재화가 있다. AXS_{Axie Infinity Shard}는 이름 그대로 엑시 생태계의 주인이 되는 거버넌스 토큰이다. 거래 수수료 및 교배 시 사용되는 AXS 사용료의 수익 배분을 받을 수 있는 권리가 있다. SLP_{Smooth Love Potion}(스무스 러브 포션)는 교배를 통한 엑시 생산에 필수로 사용되는 재화이다. 별도 판매가 되지 않으며 단지 게임 보상으로만 얻을 수 있다. 엑시 NFT는 게임을 위한 입장권, 캐릭터로 사용된다.

엑시 인피니티의 인기가 급상승하면서 SLP 가격도 함께 대폭 올랐다. 하지만 이렇게 무한정 높아지는 SLP 가격이 게임 생태계에 유리한 것만은 아니다. SLP 가격이 지나치게 상승될 경우 엑시 가격 및 교배 비용뿐 아니라 진입장벽도 함께 높아져 게임 밸런스를 무너뜨릴 위험이 크다.

2021년 5월에서 6월 사이에 '소각된 SLP' 대비 '생성된 SLP'가 현저히 적어 가격 상승폭이 컸다. 그러나 7월부터 본격적으로 SLP 민팅이 확대되면서 가격이 점차 안정화되는 추세를 보였다. 다만 유통량 증가가 새로 유입된 유저의 민팅 작업인지, 플랫폼의 의도적 개입의 영향인지는 알 수 없다.

SLP와 이더리움의 상관관계

출처: CoinGecko

앞의 표를 보면 SLP 가격이 유통량 외에도 이더리움 가격과 밀접한 관계를 가진다는 점을 알 수 있다. 엑시의 자체 로닌 네트워크에서도 최초 가격 표기는 ETH로 될 뿐만 아니라 엑시 거래도 이더리움 기반으로 이뤄졌다. 이는 엑시의 게임 생태계가 메인넷의 시장(특히 ETH 가격)에 영향을 받는다는 반증이다. 생태계 참여자 모두가 기대 이상의 보상을 받는 것에는 이더리움 가격 상승 요인이 포함돼 있으며, 이더리움 가격이 크게 하락되었을 때 서비스에 큰 타격이 있을 수 있음을 의미한다.

엑시 인피니티의 한계점 분석

엑시 인피니티는 게임에서 일어나는 보상을 플랫폼 사업자가 독점하지 않고 유저에게 게임 매출(SLP) 및 플랫폼 성장 보상(AXS)을 공유한다는 점에서 새로운 비즈니스 모델의 성공 가능성을 증명했다. 하지만 그에 따른 한계점도 존재한다.

1. 자체 사이드 체인

엑시 인피티니는 게임 서비스 개선을 위해 만들어진 이더리움 사이드체인 '로닌'에서 많은 거래를 처리한다. 단, 해당 사이드체인 서비스가 개발 주체에 의해 직접 운영된다는 점에서 블록체인의 가장 중요한 요소 중 하나인 퍼블릭 블록체인의 투명성과 공정성을 담보하기 어렵다. 한 예로 엑시의 거래량이 높지 않았던 2021년 2월에는 엑시 랜드 최고 판매가 150만 달러로 역대 최고 NFT 가격을 달성했으나 자체 사이드 체인인 로닌 네트워크상의 거래로 밝혀져 신빙성에 대한 의심을 받기도 했다.

2. 엑시의 게임 매력도

게임성으로만 판단한다면 기존 정통 게임에 비해 부족한 면이 많다. 수십여 명의 개발자가 마켓과 플랫폼까지 운영하며 게임을 처음부터 개발하고 있기에 어쩔 수 없는 문제이기도 하다. 탄탄한 밸런싱과 블록체인 에코시스템에 비해 게임 콘텐츠 양은 많이 부족한 상황이다.

엑시 인피니티와는 다른 선택, 다른 길을 가고 있는 플레이댑

1. 플레이댑 NFT 마켓플레이스
디지털 자산 가치를 높이는 검증된 게임만 선정해 서비스 진행

플레이댑은 일반 사용자가 디지털 자산을 유용하고 가치 있게 사용할 수 있는 데이터 3.0 세상을 비전으로 설정했다. 사용자는 디지털 자산 및 데이터의 100% 소유권을 가질 수 있는 블록체인 기반의 C2C NFT 마켓플레이스에서 캐릭터, 장신구 등 아이템을 자유롭게 거래할 수 있다. 이뿐 아니라 레벨을 높이고 강화·합성을 통해 디지털 자산의 가치를 더 높일 수 있다. 게임 아이템이 단일 게임에서만 제한되지 않

고 플레이댑 서비스 생태계 내에서 서로 다른 이종 게임 간 아이템을 상호 운용할 수도 있다.

2. 플레이댑 SDK

이미 서비스되고 있는 게임 아이템을 블록체인 기반으로 손쉽게 NFT 프로토콜 적용

플레이댑은 게임 개발자가 블록체인 기반 플레이댑 서비스 생태계에 쉽게 참여할 수 있도록 개발한 플레이댑 SDK를 제공한다. 플레이댑 SDK는 블록체인 인프라 구축에 어려움을 겪는 게임 개발자나 개발사

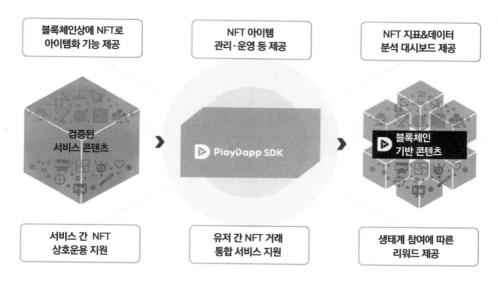

가 간단한 API 연동만으로 서비스되고 있는 게임의 특정 아이템을 블록체인상에 디지털 자산화할 수 있도록 돕는다. 해당 아이템을 블록체인 기반 NFT로 아이템화하면 플레이댑 생태계에서 서비스 중인 다양한 게임 간 상호 운용이 가능하다. 이는 게임 간에 서로 시너지를 낼 수 있는 효과를 더하며 크로스 모션을 통해 유저 모객을 용이하게 할 수 있도록 돕는다. 특히 게임 아이템의 사용처가 증가해 NFT 가치를 높일 수 있다.

3. 검증된 글로벌 탑티어 블록체인 기술 플랫폼 사용

서비스 운영 탈중앙화 · 투명성 · 객관성 높인 서비스 제공

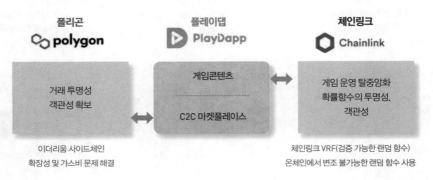

출처: 플레이댑

플레이댑은 블록체인 기반 서비스 취지를 살려 글로벌 탑티어TOP-Tier 블록체인 기술 기반 재단과 협업한다. 서비스 운영의 탈중앙화를 지향하며 주요 지표를 투명하게 공개하고 있다. 이더리움 확장성 이슈 해결을 위해 자체 사이드체인이 아닌 서드 파티3rd party 폴리곤 네트워크와 협업한 이더리움 버추얼 머신상에서 서비스를 하고 있다. NFT 아이템 합성 및 강화 시 랜덤 값을 얻는 방식은 플레이댑 서비스 운영 내부가 아닌 서드 파티3rd Party 체인링크의 VRFVerifiable Random Function를 사용하고 있다. 엄격한 프로젝트 운영을 최우선으로 개발하고 있으며 이를 통해 코인베이스, 크라켄, 바이낸스, 비트렉스, 업비트 등에 상장됐다.

4. 플레이댑 게임 포트폴리오

캐주얼, RPG, 메타버스, 토너먼트까지 다양한 장르 게임 타이틀 보유

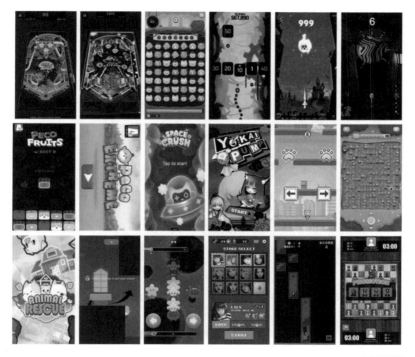

출처: 플레이댑

플레이댑은 서드 파티 개발사들의 타이틀과 파트너사를 통해 다양한 장르의 게임 서비스를 제공한다. 해당 게임은 대부분 구글 플레이스토어, 애플 앱스토어에 출시된 게임으로 게임 완성도와 안정성 등이 검증됐다. 또한 해당 게임 아이템은 플레이댑 SDK와 네이버 게임팟 API를 통해 블록체인 기반 NFT 아이템화가 가능하다. 이는 PVE_{Player VS}

Environment뿐만 아니라 보스레이드, 무한의 탑 등 다양한 방식의 조합에서 획득 가능한 전략이다. 그리고 길드 및 커뮤니티 등 검증된 RPG에 P2E 모델을 결합하면 단순하고 지겨운 게임 플레이가 아닌 플레이 자체를 즐기는 블록체인 기반 게임을 서비스할 수 있다.

5. 상호 운용이 가능한 NFTs
플레이댑 캐릭터 IP를 활용한 상호 운용 NFT로 게임 서비스 가치 증대

기존 게임에 블록체인 기술을 도입하면 게임 간 NFT 아이템을 이동하며 호환될 수 있어 게임 서비스가 확장되는 효과를 얻는다. 아무리 재미있는 게임이라도 수명이 존재한다. 유저가 새로운 게임을 즐기고 싶을 때 플레이댑 자체 IP를 활용한 상호 운용 NFT를 활용하면 이전 게임 플레이에 대한 보상의 한 방식으로 작용할 수 있다. 또 이와 동시에

출처: 플레이댑

블록체인과 데이터 3.0

신규 게임으로 자연스러운 크로스 프로모션 역할을 한다. 이는 유저 모객 시 발생하는 마케팅 비용을 최소화할 수 있는 방법이다. 유저에게 더욱 다양한 혜택과 보상으로도 작용해 플레이댑 생태계를 더욱 공고하게 만드는 역할을 한다.

**DATA
30**

PART 6

자유롭게 오가는 데이터 3.0의 세상, 메타버스

Chapter 1

제2의 일상이 된 '메타버스'

현실이 된 메타버스 영화, 〈레디 플레이어 원〉

2025년생 와츠의 하루는 오아시스OASIS라는 가상 세계 접속으로 시작된다. 먼저 고글과 헤드셋, 글러브로 구성된 햅틱슈트Haptic-suit를 착용하고 트레드밀Treadmill에 올라가 걷거나 뛰면서 오아시스를 자유롭게 즐긴다. 이 가상 세계는 누구든 장비만 갖추면 자신이 원하는 아바타로 얼마든지 변신이 가능하다. 가상 세계 속 친구를 사귀고 어디든 갈 수 있으며 무엇이든 할 수 있다. 게임과 같은 활동을 통해 코인을 얻는 경제 시스템도 구축돼 있으며 정해진 미션을 수행하면 코인 상금도 받을 수 있다. 코인으로는 오아시스에서 더 높은 퍼포먼스를 내거나 전신 촉감을 높일 수 있는 아이템 구매가 가능하다. 가상 세계 아이템은 실제 현실의 집으로 바로 배송된다.

이는 2018년 개봉된 스티븐 스필버그 감독의 SF 영화 〈레디 플레이어 원Ready Player One〉의 이야기다. 영화의 배경이 된 2045년의 현실은 무너진 경제 기반으로 전 세계가 황폐하고 암울하다. 반대로 가상 세계인 오아시스는 증강 현실(ARAugmented Reality)과 가상 현실(VRVirtual Reality)을 통해 또 다른 인생을 영위할 수 있는 제2의 터전이다. 영화는 메타버스라는 용어가 유행하기 전 제작된 게임형 메타버스의 한 예로, 가상과 현실의 경계를 허무는 메타버스의 개념을 잘 보여줬다는 평가를 받으며 메타버스 업계에서 지금도 여전히 회자되고 있다. 단, 영화 속 이야기가 최근의 메타버스가 추구하는 전부는 아니다. 하지만 비슷한 지점이 많아 메타버스를 이해하기 좋은 영화로 추천한다. 지금의 메타버스는 영화 속 배경인 2045년보다 약 20여 년 빨리 우리 곁에 찾아왔다. 게임, 금융, 패션, F&B 등 각종 산업뿐 아니라 우리 일상에도 하나의 문화로 자리 잡아가고 있다. 현실의 나와 비슷한 혹은 전혀 다른 나의 아바타로 일상을 누리며 상상 이상의 무한한 세계를 온몸으로 경험할 수 있는 메타버스. 지금 그 가상 세계는 공상과학 영화가 아닌 현실이 됐다.

메타버스Metaverse는 가상·초월을 의미하는 메타Meta와 우주·세계를 뜻하는 유니버스Universe의 합성어로, 현실과 상호작용하거나 현실 기능을 영위할 수 있는 가상 또는 초월의 세계를 말한다. 좀 더 구체적

블록체인과 데이터 3.0

으로는 정치·경제·사회·문화 전반적인 측면에서 현실과 비현실이 모두 공존할 수 있는 생활형·게임형 가상 세계라는 의미로 폭넓게 사용된다.

메타버스 종류

출처: 미국 ASF(Acceleration Studies Foundation, 미래가속화연구재단), 메타버스 로드맵

메타버스는 증강 현실, 라이프로깅Life-logging, 거울 세계Mirror Worlds, 가상 세계Virtual Worlds 크게 4가지 종류로 나눌 수 있다. 우선 증강 현실은 증강 현실 기술을 활용해 포켓몬 캐릭터를 수집하는 모바일 게임인 포켓몬고가 대표적이다. 사용자의 일상 데이터를 기록·공유하는 라이프로깅은 페이스북, 인스타그램 등과 같은 SNS 서비스를 예로 들 수 있다. 현실 세계를 거울에 비춘 것처럼 그대로 복제한 거울 세계의 메타

버스 영역은 국내는 배달 앱으로 유명한 배달의민족을, 해외는 세계 각 지에 있는 실물 사진 데이터를 활용해 랜선 여행이 가능한 플랫폼인 구글어스Google Earth를 꼽을 수 있다. 필자가 중요하게 보는 것은 최근 트렌

메타버스 4가지 유형의 특징 및 사례

구분	증강 현실	라이프로깅	거울 세계	가상 세계
정의	현실공간에 가상의 2D 또는 3D 물체를 겹쳐 보이게 하여 상호작용하는 환경	사물과 사람에 대한 일상적인 경험과 정보를 캡처, 저장, 공유하는 기술	실제 세계를 그대로 반영하면서 정보 제공으로 확장된 가상 세계	실제와 다른 세상, 디지털 데이터로 구축한 가상 세계
특징	위치 기반 기술과 네트워크를 활용해 스마트 환경 구축	증강 기술을 활용해 사물과 사람의 정보를 기록	가상지도, 모델링, GPS, 라이프로깅 기술 활용	사용자의 자아가 투영된 아바타 간의 상호작용
활용분야	스마트폰, 차량용 HUD(전방표시장치)	웨어러블 디바이스, 블랙박스	지도 기반 서비스	온라인 멀티플레이어 게임
실사용 사례	포켓몬고	페이스북, 인스타그램	배달의민족, 구글 어스	로블록스, 제페토

출처: 메리츠 증권 리서치센터

글로벌 메타버스 시장 규모

메타버스 주요 응용시장 전망(2025년)

블록체인과 데이터 3.0

드가 되고 있는 '가상 세계'로 네이버 제페토, 그리고 글로벌하게 영향
력을 행사하는 로블록스 등이 있다. 메타버스는 이렇게 최근 MZ세대
에서 화제인 메타버스 플랫폼은 물론 배달의민족 앱이나 인스타그램
과 같은 SNS 등 예전부터 익숙하게 사용한 서비스들도 포함되는 큰 개
념이다.

글로벌 컨설팅 기업 PwC가 조사한 메타버스 시장의 규모를 살펴보
면 2019년 455억 달러에서 2025년 4,764억 달러로, 그리고 2030년에
는 15,000억 달러까지 폭발적 성장을 이룰 것이라고 전망된다. 특히 헬
스케어와 제품 개발 그리고 교육 콘텐츠, 업무 프로세스, 유통 분야에
서 메타버스가 핵심 역할을 할 것이라고 예상된다. 이런 메타버스 시장
의 빠른 확장은 2021년 로블록스의 미국 증시 상장이 기폭제로 작용했
다. 이를 계기로 많은 글로벌 기업은 향후 폭발적인 성장 가능성을 지
닌 메타버스의 잠재력을 확신하고 빠른 시장 선점을 위해 치열하게 경
쟁 중이다.

글로벌 기업의 메타버스 서비스

메타버스의 본격적인 확장에 따라 글로벌 기업의 움직임도 본격화
됐다. 수백만 개의 게임을 즐기며 창작과 수익 창출이 가능한 글로벌
메타버스 1위 기업인 로블록스는 미국뿐 아니라 전 세계 초등학생 사이
에서 선풍적인 인기를 끌며 대표적인 디지털 놀이터로 평가받는다. 마

2021년
미국 나스닥 상장

온라인 툴인 팀즈에서 MR 기술을
이용한 메쉬포팀즈 출시 예정

NVIDIA.
실시간 협업을 위한 메타버스
솔루션 옴니버스 제작

VR 기반 메타버스 플랫폼
호라이즌 월드 공개

Disney
디즈니의 메타버스 프로젝트
'디즈니 드림라이트 밸리'
공개

AR, VR 관련 기술을 활용한
혼합현실(MR) 헤드셋 출시
예정

출처: 각 회사

이크로소프트, 엔비디아, 페이스북의 메타, 디즈니, 애플도 메타버스 시장에 빠르게 진출하고 있다. 이미 마이크로소프트와 애플은 메타버스 시장의 인프라를 단단히 구축했다. 특히 메타의 VR 기반 기술로 빠르게 앞서고 있다. 국내 기업으로는 SK텔레콤의 이프렌드, 네이버제트 (Z)의 제페토, 엔터테인먼트 기업인 하이브의 위버스, 엔씨소프트의 유니버스가 대표적이다. 각 글로벌 기업에서 제공하는 메타버스 서비스를 한 번씩 이용해보면 최신 메타버스 기술이 어느 수준까지 성장했는지 경험해 볼 수 있을 것이다.

Chapter 2

급부상한
메타버스의 핵심 요소

메타버스가 급부상한 이유

메타버스 수요를 촉발시킨 주요 요인 중 하나는 바로 코로나19 확산이다. 팬데믹으로 비대면 일상이 장기화되면서 현실생활에서 하지 못하는 다양한 활동이 가상공간으로 빠르게 옮겨갔고, 메타버스 플랫폼의 성장을 가속화시켰다. '코로나19', '언택트' 그리고 디지털 전환을 뒷받침하는 '기술 발전'이라는 삼박자가 딱 맞아 떨어진 결과다. 이로 인해 메타버스 시대가 약 5~10년 정도 앞당겨졌고 빠른 속도로 일상과 연결되기 시작했다. 코로나19의 장기화는 QR 코드 인증은 물론 온라인 커뮤니케이션이나 배달 앱 등 메타버스를 구성하는 다양한 기술이 일상에서 거부감 없이 사용될 수 있는 자연스러운 환경을 만들었다. 과거에 이미 다양한 VR 서비스가 존재했지만 남녀노소 누구나 받아들이기에는 낯선 기술이었다. 1998년 한국 가상인간의 시초라 불리는 사이버 가수 아담도 등장했지만 하나의 재미난 에피소드로 끝이 났고, SNS 같은 경우는 싸이월드를 통해 가상 세계에서 일상을 공유하고 소통하는 라이프로깅을 잠시나마 경험하기도 했다. 이런 가상 세계 경험은 과학 기술 발전을 통해 다양한 형태로 접근할 수 있는 채널로 성장했고 메

	인터넷	소셜미디어	메타버스
특징	정보의 연결	페르소나의 연결	현실과 가상의 연결
인터페이스	웹	웹 2.0 / 앱	웹 3.0 / 공간 웹
주요 활동	• 검색 • 정보 생성/소비 • 검색 광고	• 소셜 활동 • 콘텐츠 생성/소비 • 타겟팅 광고	• 소셜 활동 • 콘텐츠 생성/소비 • 경제적 가치 창출 • 타겟팅 광고
주 사용자 세대	X 세대 (1970~1980년생)	Y(밀레니얼) 세대 (1981~1996년생)	MZ 세대 (1981~2010년생)
메타버스 플랫폼 트렌드 변화	가상 세계 등장 • 2001년 미국 ASF에서 메타버스 로드맵 개념 제안 • 2003년 미국 린든랩 창업자 '필립 로즈데일'이 '세컨드 라이프' 서비스 출시	2D 플랫폼 부흥기 • 2000년대 후반 스마트폰 시대 도래에 따른 2D 콘텐츠 기반 SNS 플랫폼 확대 • PC 기반 플랫폼의 쇠퇴와 더불어 이동성, 실시간성을 극대화하는 모바일 환경 각광	메타버스 재조명 • 코로나19로 제한된 현실생활의 다양한 활동을 지원하는 메타버스 재촉발 • 로블록스, 제페토 등 가상 환경의 게임/엔터테인먼트 등의 메타버스 환경 조성

출처: 미국 ASF(미래가속화연구재단)

블록체인과 데이터 3.0

타버스는 비교적 쉽게 대중화가 이뤄졌다.

최근에는 MZ 세대가 선호하는 얼굴형을 모아 3D 합성 기술로 탄생시킨 가상 인플루언서 겸 모델 '로지'가 등장했으며 제페토는 3D 아바타 커스터마이징부터 아이템 제작 및 제스처 다양화 등의 기술을 활용해 부캐를 만들 수 있는 메타버스 SNS의 대표주자로 손꼽힌다. 부캐라 불리는 아바타는 디지털 공간에서 서로 만나 소통하고 놀이를 즐기며 새로운 가상 세계의 즐거움을 창출한다.

메타버스 플랫폼 트렌드의 변화를 살펴보면 인터넷, 소셜미디어 그리고 메타버스의 이동 과정을 확인할 수 있다. 최근 급성장한 가상 세계는 사실 우리에게 낯선 개념이 아니다. 이미 인터넷 시대인 2001년 미국의 ASFAcceleration Studies Foundation(미래가속화연구재단)가 메타버스 로드맵 개념을 제안했고 2003년 실제 '세컨드라이프'라는 가상 세계 서비스도 출시된 바 있다. 기술적 한계와 대중성이 부족했지만 이런 시도가 없었다면 메타버스는 지금 이렇게 우리에게 가까이 올 수 없었다.

2000년대 후반부터는 PC 기반의 플랫폼 쇠퇴와 더불어 소셜미디어가 이동성과 실시간성이 높은 모바일 기반으로 성장하면서 본격적인 1인 미디어 시대가 도래했고 그들이 생산한 콘텐츠가 미디어 파워를 가지기 시작했다. 이와 맞물려 빠르게 성장한 메타버스 플랫폼은 콘텐츠의 쌍방향 소통과 영구 기록 및 저장의 창구 역할을 하며 물리적 시·공간 제약 없이 경제·사회 활동을 할 수 있는 제2의 가상 세계를 실현시켰다. 블록체인 기술과 만난 메타버스에서는 사용자가 데이터 소유권을 확보할 수 있고 크립토커런시Cryptocurrency(암호화폐)를 활용해 경제적 가치를 창출할 수 있는 기회를 얻는다. 그래서 많은 글로벌 IT 기업이 메타버스 시장에 앞다퉈 뛰어들고 있는 상황이며 플랫폼 홀더로서의 영향력을 선점하기 위해 많은 노력을 쏟고 있다.

메타버스 핵심 요소

메타버스의 핵심 축은 단순 게임 메타버스 플랫폼에서 벗어나 새로운 경제적 영역과 비즈니스 모델 개발로 이어지고 있다. 미래의 먹거리라 불리는 메타버스를 제대로 이해하기 위해서는 메타버스를 구성하는 7가지 핵심 요소를 잘 알아둘 필요가 있다. 먼저 경제 측면에서는 디지털 가상경제 체제를 기반으로 해야 하며, 사용자 관점에서는 유저와 공유돼 상호작용할 수 있는 가상시스템 기반의 사용자 경험, 그리고 현실과 연결된 디지털 세계를 꼽을 수 있다. 디바이스는 PC, 스마트폰, AR/VR 등 입출력 장치 하드웨어와 소프트웨어를 통한 접속, 그리고 마지막으로 클라우드 기반의 네트워크가 있다.

이 중 디지털 가상경제 체제가 중요한데, 가상경제는 가상 세계에서 생성된 상품이나 자산이 가상화폐를 매개로 유통·거래·소비되는 시스템을 의미한다. 메타버스 플랫폼이 과거의 플랫폼과 가장 큰 차이는 블록체인 기술이 접목됐다는 점이다. 이로 인해 경제적 영역과 비즈니스 모델이 다양화되고 다변화될 수 있는 무궁무진한 확장성과 가능성을 지닌다. 그리고 기존에는 플랫폼이 사용자에게 디지털 아이템을 판매하는 B2C 시장만 있었다면, 블록체인 기술이 더해지면서 1인 미디어 시대로 사용자가 생산한 아이템이나 콘텐츠를 중개자(미들맨 Middleman) 없이 사용자 간의 C2C 거래를 할 수 있는 디지털 가상경제 체제가 구축됐다. 또 싸이월드처럼 한국에서만 서비스되는 플랫폼이 아닌 글로벌 원 데이터베이스의 인프라를 기반으로 세계 시장에서 공정하게 경쟁할 수 있는 글로벌 플랫폼 시대도 열리게 된다.

Chapter 3

메타버스의 수익 모델과
생태계 구조

메타버스 수익 모델의 진화 과정

메타버스 시장이 성장하면서 메타버스 수익 모델도 다양하게 진화하고 있다. 메타버스는 현재 큰 수익 창출보다는 이용자 확보에 주력하고 있으며 향후 광고와 현실을 연계한 다양한 수익모델까지 확대될 것으로 보인다. 과거에는 플랫폼은 트래픽이 증가하면 마케팅 채널 역할을 수행하면서 광고 및 유료 아이템 판매 매출을 얻는 방식이었다. 메타버스 플랫폼 시대는 가상자산과 이커머스 및 콘서트 등의 실물 세계

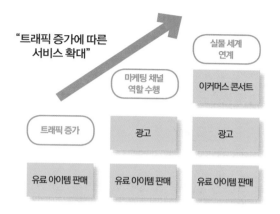

"트래픽 증가에 따른
서비스 확대"

| 실물 세계 연계 |
| 이커머스 콘서트 |

트래픽 증가	마케팅 채널 역할 수행
	광고	광고
유료 아이템 판매	유료 아이템 판매	유료 아이템 판매

단계	수익 창출 활동
유료 아이템 판매	• 아이템 판매는 메타버스의 기본 수익원 • 원활한 모객을 위해 대부분 부분 유료화 채택 • Z 세대 이용 비중이 높아 결제 발생이 어려운 구조 • 추가적인 수익모델 필요
마케팅 채널로 부상	• 이용자 기반 확보 후 광고 수익 창출 고려 • 브랜드 콜라보레이션 마케팅 사례 증가 • 마케팅 채널로 입지 강화
이커머스, 콘서트 등 실물 세계와 연계	• 메타버스가 활성화될수록 현실 세계와 연동 강화 • 현재 아티스트 공연, 영상 공개 활발 • 향후 굿즈 판매, 라이브 커머스 등 실물 상품 판매 사례 증가 예상

출처: KB증권

가 연계된다. 메타버스가 활성화될수록 현실 세계와 연동이 강화되고 아티스트 공연, 영상 공개 등이 활발하게 일어난다. 또 굿즈 판매, 라이브 커머스 등 실물 상품 판매 사례 또한 증가될 것이다. 실제 이런 방식으로 수익을 극대화하는 성공 사례가 일어나고 있으며 앞으로는 더욱더 많아질 것이라고 예상된다. 과거에는 온라인과 오프라인이 분리돼 오프라인에서는 다른 사용자들과, 게임과 같은 온라인 환경에서는 유저들과 경쟁했다. 반면 메타버스 공간은 어제의 나와 오늘의 내가 경쟁하고, 또 오늘의 나와 내일의 내가 경쟁할 수 있다. 이 의미는 실제 우리가 메타버스에서 활동하는 기록, 그리고 게임에서 플레이하는 기록 등이 있는데 이런 데이터들은 공공의 분산된 데이터베이스인 블록체인 상에 모두 저장되기 때문에 나와 경쟁할 수 있다는 뜻이다. 데이터는 실제 현실 세계의 서비스와 가상 세계인 메타버스 안에서도 동일하게 멀티호밍으로 사용된다. 예를 들어 내가 현실에서 자전거로 1.5km를 달렸다면 이와 동일한 기록이 메타버스에 저장돼 내 데이터를 바탕으로 경쟁을 할 수 있는 재미있는 요소를 만들어 낼 수 있다.

메타버스 생태계 구조

이제 메타버스 플랫폼 생태계의 구조를 알아보자. 크게 개발자, 플랫폼, 사용자로 나뉜다. 메타버스 플랫폼 시대 전에도 다양한 플랫폼이 동일한 구조를 가지고 있었다. 메타버스 플랫폼과의 큰 차이점은 플랫폼 사용자가 개발자로 활동할 수 있는 인프라가 구축돼 있으며, 가상공간에서 쓰이는 디지털 화폐인 '버추얼커런시(가상화폐)'를 보유하고 있다는 것이다. 앞서 말했지만 2021년 로블록스가 나스닥에 상장됐는데, 미국 증권거래위원회(SEC)의 리포트에 로블록스의 로벅스Robux를 버추얼커런시로 공식 인정했다. 로블록스 유저(크리에이터)가 만든 디지털

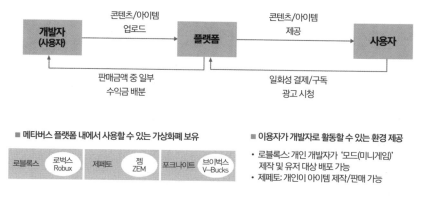

출처: 코스콤 뉴스룸

콘텐츠를 로블록스에서 로벅스로 판매해 수익을 얻고 그 로벅스는 달러로 현금화도 가능하다. 유저가 메타버스 플랫폼에서 수익을 창출할 수 있는 경제체제가 드디어 인정받은 큰 사건이라 할 수 있다. 버추얼 커런시를 통해 가상 세계 안에서 실제 경제 활동을 할 수 있는 시장이 열렸다. 제페토는 젬ZEM, 포트나이트는 브이벅스V-Bucks라는 가상공간 디지털 화폐인 버추얼커런시를 가지고 있다.

Chapter 4

주요 메타버스 플랫폼
분석과 활용 사례

제페토

제페토는 네이버제트(Z)가 운영하는 메타버스 플랫폼으로, 2018년 8월 출시 이후 가파른 성장가도를 달리며 선전하고 있다. 제페토는 가상 세계에 자신의 아바타를 만들어 다른 이용자와 자유롭게 소통하며 다양한 활동을 할 수 있는 서비스를 제공한다. 초기 메타버스 시장은 콘텐츠 퀄리티와 IP 파워가 승패를 좌우할 만큼 매우 중요한 요소인데, 이를 잘 활용한 점이 돋보인다.

개발/유통	네이버Z
컨셉	AR 아바타 기반 메타버스 플랫폼
런칭	2018년 8월 30일
플랫폼	PC, 모바일
게임 내 가상화폐	젬
매출	81억(2020년 기준)
누적 다운로드	3억 명(2022년 3월 기준)

비즈니스 모델

제페토 이용자 추이

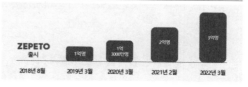

출처: 제페토, 네이버

차별화 전략

1. 내 얼굴을 바탕으로 만드는 화려한 'AR 아바타'

제페토의 아바타는 높은 퀄리티를 자랑한다. AI 얼굴 인식 기능을 통해 내 얼굴과 유사한 아바타 생성할 수 있으며, 얼굴형, 피부색, 헤어스타일, 의상 등의 커스텀도 가능하다. 크리에이터가 직접 의상 제작이 가능해 얼굴과 의상의 종류는 무한대라 할 수 있다.

2. 소통하고 교류하는 'SNS'

다양한 형태의 맵이 존재한다. 사용자는 원하는 맵에서 친구와 치킨을 먹고 수영도 할 수 있고 밤하늘도 구경하며 폭넓은 소통을 즐길 수 있다. 또 가상 세계 속 사진도 찍으며 현실과 가상 세계를 오가는 특별한 경험을 모두 만끽할 수 있다.

3. 창작 콘텐츠를 올리는 피드와 '인플루언서 활동'

제페토에서는 얼굴을 공개하지 않아도 인플루언서 활동이 가능하다. 사용자가 올린 개성 있는 사진과 챌린지 영상에 '좋아요', '태그', '팔로워'가 많아지면 인기 게시물로 선정돼 피드 상단에 노출된다. 기존 인스타그램과 같이 인플루언서로도 활동이 가능하다.

4. 크리에이터 활동을 통한 '수익 창출'

제페토 안에서는 누구나 아이템 제작 템플릿을 통해 아이템 제작이 가능하며, 판매를 통해 수익을 얻을 수 있다.

성장 전략

1. K-pop 아티스트 협업

- MZ 세대 공략을 위해 수많은 K-pop 아티스트와 콜라보레이션을 진행
- 아티스트의 의상을 내 아바타에 입힐 수 있고, 아티스트의 곡으로 댄스 영상을 만들어 챌린지 영상을 올릴 수도 있음
- K-pop 스타와 소통하고 싶어하는 글로벌 팬들에게도 자유롭게 팬덤 활동 가능

블랙핑크	가상 현실 팬사인회 개최, 4,600만 명 방문
BTS	'다이너마이트' 안무버전 뮤직비디오 공개
엔믹스	공식 활동에 앞서 제페토에서 팬들과 소통

2. 명품 브랜드 협업

- 추후 경제활동의 소비 주축이 되는 미래 소비자 MZ 세대 타겟으로 마케팅 활동을 펼침
- 자신의 부캐 역할을 하는 아바타를 꾸미기 위해 멋진 아이템 구매 니즈 공략
- 제페토 내 가상화폐 젬과 코인을 통해 명품 브랜드 아이템 구매
- 아바타에 적용하고 사진을 찍어 피드에 올리면 해당 브랜드는 자연스럽게 바이럴 효과를 얻을 수 있는 순환 구조

출처: 제페토

제페토 vs 이프랜드 vs 게더타운 비교 분석

제페토, SK텔레콤이 운영하는 이프랜드 그리고 기업 행사 및 마케팅 모임 공간으로 주로 사용되는 게더타운, 3가지 대표 메타버스 플랫폼은 이용자 확보를 위해 각각 다른 특징과 전략을 추구하고 있다. 실제 메타버스 플랫폼을 직접 방문해 경험해보면 차이점을 쉽게 파악할 수 있다.

메타버스 플랫폼 비교

구분	제페토	이프랜드	게더타운
출시일	2018년 8월	2021년 7월	2020년 5월
개발사	네이버Z	SK텔레콤	게더(미국)
플랫폼	모바일	모바일	PC
주력 콘텐츠	엔터테인먼트	모임/회의	업무/교육
채팅	O	X	O
스피커 ON/OFF	O	O	X
자료 공유	X	O	O

출처: 각 회사

로블록스

로블록스는 나스닥 상장을 통해 메타버스 시장에 큰 영향력을 행사하며 선두를 달리고 있는 서비스다. 로블록스 스튜디오라는 개발 환경

개발/유통	로블록스 코퍼레이션
컨셉	게임 콘텐츠 중심의 메타버스 플랫폼
런칭	2006년 9월 1일
플랫폼	PC, 모바일, 콘솔
게임 내 가상화폐	Robux
매출	5억 93만 달러(약 6,156억 원) (2021. 4분기 기준)
누적 다운로드	4,950만 명(2021년 4분기 기준)
기타	2021년 3월 10일 나스닥 상장

비즈니스 모델

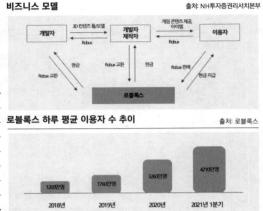

로블록스 하루 평균 이용자 수 추이

툴을 제공해 초등학생도 손쉽게 게임 콘텐츠를 생산할 수 있는 개방형 메타버스 플랫폼이다.

차별화 전략

1. '자유도' 높은 게임

로블록스 플랫폼 내에서 만들 수 있는 창작물은 FPS, RPG, 어드벤처, 시뮬레이션 등 게임 시장에서 서비스하는 대부분의 장르물을 포괄한다. 약 18년 가까이 이용자의 창작물이 쌓여온 만큼 약 5,500만 개의 방대한 데이터가 쌓여 있다. 취향에 맞는 게임으로 유저의 체류시간을 확보한다.

2. 유저가 직접 '게임 제작'

유저가 제작한 게임과 아이템으로 플레이가 가능하다. 누구든 게임

블록체인과 데이터 3.0

제작이 가능하고 이용자 참여가 주가 되는 플랫폼인 만큼 제작자 환전 프로그램(DevEX)을 통해 수익 창출도 할 수 있다.

3. 레고 모양 블록의 '원초적 디자인'

투박한 도트 기반 그래픽으로 구성된다. 블록 장난감 '레고'의 캐릭터가 연상되는 디자인으로 글로벌 게이머에게 매력적으로 어필한다. 단순한 필드 그래픽 리소스는 창작이 주가 되는 플랫폼의 형태에서 강점으로 작용한다.

성장 전략

1. 브랜드 자체 공간 마련	2. 유저와 개발자가 돌고 도는 '크리에이터 이코노미'
• 대표적인 사례로 나이키, 반스, 현대자동차 등이 있음 • 나이키랜드에서는 피구, 술래잡기 등 다양한 미니게임과 나이키의 옷·액세서리를 착용해 볼 수 있음 • 반스월드에서는 보드를 타고 점프를 하거나 도로에서 경주하고, 반스 운동화와 스케이드보드 커스터마이징도 가능(반스 방문자는 4800만 명 이상) • 핵심 고객층인 MZ 세대에게 브랜드 인지도를 구축할 수 있는 최적의 장소로 손꼽힘	• 게임을 출시하는 '사용자 개발자'가 950만 명 이상 • 게임을 개발할 수 있는 툴인 로블록스 스튜디오 무료 제공 • 프로그래밍을 따로 배우지 않아도 '복사 & 붙여넣기' 방식으로 게임 제작 가능 • 콘텐츠 제작과 출시, 언어 번역, 결제 청구, 보안 등 모든 툴을 제공해 창작 활동을 더 쉽게 제공

출처: 반스

출처: 로블록스

10대에게 인기인 게임 메타버스 플랫폼

로블록스 vs 샌드박스 vs 마인크래프트 비교 분석

메타버스 게임 플랫폼은 게임 내 가상화폐를 활용해 유저가 수익을 창출할 수 있는 시스템이 구축돼 있다. 주 사용 연령이 MZ 세대인 만큼 PC와 모바일 모두 서비스를 제공한다.

메타버스 게임 플랫폼 비교

구분	로블록스	샌드박스	마인크래프트
	ROBLOX	SANDBOX	MINECRAFT
출시일	2006년 9월 1일	2012년 5월 15일	2011년 11월 18일
개발사	로블록스 코퍼레이션	PIXOWL	MOJANG STUDIO
플랫폼	PC, 모바일	PC, 모바일	PC, 모바일
게임 내 가상화폐	Robux	SAND	마인크래프트
비즈니스 모델	게임 내 아이템 판매 유저가 만든 게임 입장권 판매	게임 내 랜드 판매 아이템 판매	아이템 판매
주 사용 연령	10대	10대	10대

출처: 각 회사

메타버스 플랫폼 게임의 인기 요인

1. 유저의 적극적인 개입 유도

- 기존 게임 제작의 일방형 구조가 아니라 다중세계Multiverse를 지향

하고 새로운 장을 표방

- 유저는 나를 연상케 하는 '부캐' 기능의 아바타 생성 및 유지 가능
- 플랫폼만 제공하고 유저에게 적극적 개입 유도
- 디자인이나 개발 등 관련 지식 없어도 누구나 활용할 수 있도록 직관적인 인터페이스를 구현한 자체 템플릿 제공

2. 현실 수익과 연동

- 현실과 연동되는 경제 활동, 즉 수익을 창출할 수 있다는 점은 유저 참여 및 플랫폼 지속성에 효과적
- 이용과 공급의 선순환

Chapter 5

메타버스 경제 시스템과
메타버스 구현

메타버스 경제 시스템

메타버스의 핵심 요소는 크게 사용자 참여와 가상 세계 안에서 일어나는 디지털 경제 시스템이 있다. 메타버스 플랫폼의 대표주자 로블록스에서는 크리에이터가 만든 디지털 콘텐츠를 로벅스Robux로 판매해 수익화 활동을 할 수 있다. 이것을 버추얼커런시라고 정의한다. 이와달리 메타버스가 블록체인을 만나게 되면 디지털 자산은 NFT로, 디지털 화폐는 크립토커런시, 즉 FT가 그 역할을 하는데, 이를 모두 구현할

메타버스 핵심 요소

사용자 참여 (UGC, User Generated Content)	버추얼(가상) 경제 시스템 (Virtual Economy System)	디지털 경제 시스템 (Digital Economy System)
언제 어느 곳에서나 연결 가능 사용자가 직접 콘텐츠 생산 및 활용 유저 간 상호 소통 가능	반영구적, 자체적 생태계 버추얼에셋(가상자산) 버추얼커런시(가상화폐) 로블록스(Robux)	영구적, 탈중앙화 생태계 크립토에셋(암호자산) = NFT 크립토커런시(암호화폐) = FT 블록체인(FT, NFT)

수 있는 기술이 바로 블록체인이다.

　메타버스의 디지털 경제 시스템이 데이터 3.0 시대에 어떤 가치를 창출하는지 그 원리와 구조를 잘 파악하기 위해서는 제2부에서 알아본 블록체인과 제3부의 NFT에 대한 정확한 이해가 선행되어야 한다. 메

대체 불가 유일성 자산

디지털 환경의 고유한 소유 자산

디지털 자산 유일성, 소유권 증명

인터넷에서
복제된 복제품과 원본의 차이를 증명

메타버스 디지털 에셋

**대체 불가능한 토큰
NFT**

교환 가능 화폐 기능 자산

디지털 환경에서 교환 가능한 통화 자산

탈중앙화, 투명한 통화

공공 DB에 기록, 저장돼 투명하며
범국가적으로 독립, 자체 운영되는 화폐

메타버스 디지털 커런시

크립토커런시

타버스의 디지털 가상경제는 블록체인 기술과 만나 디지털 커런시 Digital Currency, 디지털 에셋Asset으로 작동돼야 한다. 우선 메타버스의 디지털 이코노미가 제대로 작동하기 위해서는 탈중앙화 방식으로 화폐의 기능을 수행하는 디지털 커런시인 토큰Token이, 데이터의 대체 불가능한 가치와 소유권 증명은 대체 불가능한 토큰인 NFT가 그 역할을 맡아야 한다.

사용자가 만든 데이터와 거래된 디지털 커런시는 블록체인에 기록·저장되고 반영구적으로 자체적 생태계가 만들어지기 때문에 데이터와 자산을 보호받을 수 있다.

NFT 분양권 및 에버랜드 메타버스 구현!

플레이댑 메타버스의 NFT 활용 사례

2021년 11월, 플레이댑은 중고나라와 협업해 메타버스 가상 지구 분양권에 대한 NFT 발행 및 거래 지원 서비스를 제공하는 파일럿 프로젝트를 진행한 바 있다. 중고나라는 약 2,438만 명의 회원을 대상으로 '메타버스. 지오. 도메인 NFT, 당신의 땅 도메인을 선점하라' 이벤트를 진행했고 총 2,000명에게 서울시 강남구 청담동 명품거리 지역의 메타버스 가상지구 NFT 분양권(면적 100m², 약 30평)을 무료로 지급했다. 특히 해당 NFT 분양권은 인포씨드의 정밀 주소 '지오닉Geo.nick' 플랫폼 서비스와 연계해 복잡한 주소 대신 'The.Best.Company', '7.7.7'과 같

은 간단한 단어, 숫자 조합으로 만든 가상주소와 실제 위치를 매핑 Mapping해 내비게이션, 딜리버리 서비스 등 다양한 용도로 사용할 수 있도록 지원했다. 중고나라 회원의 반응도 뜨거웠으며 게임 아이템 중심의 NFT 마켓에서 메타버스 가상지구 NFT 분양권 영역으로 카테고리를 확장했다는 점에서 사업적인 성과와 의미도 컸다.

이어 2021년 12월, 로블록스 기반으로 만든 '플레이댑 랜드' 메타버스에 맵 형태로 삼성의 글로벌 테마파크인 에버랜드 메타버스를 구축하고 가상과 현실 세계를 접목한 NFT 서비스를 선보여 큰 화제를 모았다. 40여 종의 에버랜드 인기 놀이기구를 순차적으로 구현할 예정이며, 반딧불이 체험, 슈팅 워터 펀 등 실제 에버랜드의 다양한 콘텐츠를 동일하게 조성해 현실과 가상 세계를 아우르는 진정한 의미의 메타버스를 만들었다.

에버랜드 메타버스를 체험하기 위해서는 로블록스에 접속해야 한

출처: 플레이댑

블록체인과 데이터 3.0

다. 첫 화면은 에버랜드행 버스를 탈 수 있는 버스정류장이다. 사용자의 아바타가 에버랜드를 순환하는 버스를 탑승하면 꽃이 만발한 장미정원으로 이동한다. 장미정원에서 다시 트램펄린을 타고 점프하면 어트랙션을 즐길 수 있는 카니발 광장으로 순간 이동한다. 2022년 6월 정식 오픈한 에버랜드 메타버스에 구현된 어트랙션은 브라질 축구 선수들이 타면서 유명해진 우든코스터 'T익스프레스'와 '회전목마', '에버랜드 관람열차' 3가지이다. 현실에서는 몇 시간의 기나긴 대기가 필요하지만 메타버스에서는 바로 탑승, 그리고 무한 탑승이 가능하다. 최근 SNS에서 '소울리스 좌'로 유명세를 탄 에버랜드의 '아마존 익스프레스'는 아직 놀이기구로는 구현되지 않았지만 소울리스 좌의 생생한 멘트와 함께 춤추는 아바타를 실감나게 즐길 수 있다. 놀이동산의 필수품인 머리띠, 사파리 모자, 교복 등의 다양한 액세서리 아이템 구매도 가능하다.

또한 게임 요소를 더해 메타버스 유저는 콘텐츠 플레이를 통해 실제 에버랜드에서 활용 가능한 다양한 디지털 바우처를 획득할 수 있다. 오프라인 유저는 에버랜드 방문 및 체험을 통해 메타버스 내에서 활용 가능한 다양한 아이템을 지급받는 등 가상과 현실 세계가 하나되는 체험을 할 수 있다. 앞으로 플레이댑과 함께 유러피안 어드벤처를 시작으로 파크 내 여러 지역으로 메타버스를 확대해 나가고 기존 영토 확장 외에 다양한 체험 서비스를 선보일 예정이다.

이 외에도 플레이댑은 KB국민카드가 운영하는 금융마이데이터서비스 플랫폼과 가상과 현실을 접목한 NFT 개발 등 블록체인 기술 기반 서비스 제공 사업도 다양하게 펼칠 예정이다.

글로벌 플랫폼 기업의 블록체인 비즈니스 확장 트렌드!

구글의 블록체인 사업은 구글 클라우드에서 그 윤곽이 드러났다. 2021년 9월, 구글 클라우드 사업부는 스타트업 대퍼랩스Dapper Labs와 제휴를 통해 플로우 블록체인 확대를 지원하겠다고 발표했다. 2022년 2월에는 구글 랩스Google Labs 산하에 블록체인 전담부서를 설립하고 블록체인을 비롯해 차세대 분산 컴퓨팅, 데이터 저장 기술 등과 관련한 탈중앙화 기술 실험을 진행 중이다.

마이크로 소프트는 2018~2020년 BaaS(Blockchain-as-a-Service)로 직접 진출했으나 최근 서비스 중단을 발표하고 직접 진출 대신 블록체인 기술 회사의 투자로 선회를 했다.

메타버스에 집중하고 있는 메타(Meta, 전 페이스북)는 달러·유로 등 안전 자산에 가격이 연동되는 크립토커런시 리브라를 출시하겠다는 계획이었으나 은행을 거치지 않고 전 세계적으로 송금·결제를 할 수 있는 통화를 만들겠다는 계획에 대해 각국 정부와 중앙은행의 거센 반발로 프로젝트 자체가 무산되었다. 2021년 10월에는 페이스북에서 메타플랫폼스로 전격 변경하고 메타버스 사업에 주력하겠다고 선언한 뒤 메타버스 생태계 구축사업에 힘을 쏟고 있다.

마지막으로 트위터는 블록체인 SNS 중 가장 블록체인 친화적 행보를 보이는 기업이다. 2022년 1월, NFT 프로필 기능을 출시하고 NFT 거래소 오픈씨OpenSea와 협업해 NFT 정보를 제공하는 등 블록체인 서비스를 적극적으로 추진 중이다. 공동창업자가 최초의 트윗을 NFT로 만들어올려 고가에 낙찰되는 실험적인 프로젝트도 진행한 바 있다.

도전!
메타마스크 설치와
NFT 발행하기

메타마스크 설치하기

메타마스크Metamask는 이더리움 개인 지갑을 편리하고 안전하게 관리할 수 있는 구글 크롬 확장 프로그램이다. 전 세계에서 가장 많이 사용되는 크립토 지갑으로, 데스크톱에 설치하면 이더리움 전송 및 토큰을 관리할 수 있다. iOS 및 안드로이드 모바일로도 이용 가능하다.

다음은 단계별 메타마스크 설치 방법이

다. 따라해보자.

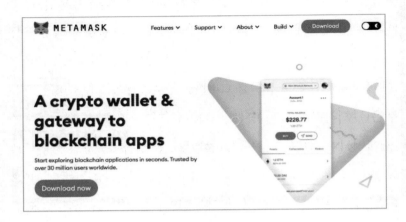

1단계. 메타마스크 사이트(metamask.io)에 접속해 메타마스크를 다운로드한

다.(크롬 웹스토어로 이동해 확장 프로그램을 설치한다.)

블록체인과 데이터 3.0

2단계. 이더리움 및 분산형 웹에 연결한다는 메시지가 뜨면 시작하기를 누른다. 메타마스크 개선에 참여 페이지가 나타나면 '괜찮습니다' 또는 '동의함' 중 선택한다.

3단계. 메타마스크를 처음 시작하는 유저라면 지갑 생성을 클릭한다.

4단계. 8자리 이상의 비밀번호를 입력한 뒤 생성 버튼을 누른다.

지갑 보호하기 방법 영상을 참고한다. '비밀 복구 구문'이란 크립토 지갑과 자금의 '마스터 키'이다.

비밀 복구 구문은 캡처하거나 메모지에 적어 잊어버리지 않도록 잘 보관 해야 한다. 비밀 복구 구문은 절대 다른 이와 공유하면 안 된다.

5단계. 비밀 복구 구문이 생성되면 안전하게 보관한다. 비밀 복구 구문을 다 운로드해 암호화된 외장 하드 드라이브나 저장 매체에 안전하게 보

관한다. 또는 여러 메모지에 적은 다음 2～3곳에 보관한다.

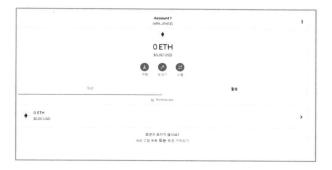

6단계. 메타마스크 생성 완료! 지갑 페이지 상단의 퍼블릭 어드레스_{Public} _{Address}를 확인한다.

NFT 발행하기

메타마스크를 생성했다면 이제 본격적으로 NFT를 발행해보자!

1. 이더리움 Goerli 테스트넷에서 이더를 얻는 방법부터 소개하겠다. 우선 goerlifaucet.com에 접속해 이더리움 테스트넷에서 사용할 ETH를 획득한다. 이전 단계에서 설치한 메타마스크 지갑 주소를 복사해서 빈칸에 붙여넣은 후 ETH 보내기를 클릭한다.

2. https://testnet.rarible.com에 접속해 위에서 생성한 metamask로 계정 가입한다.

3. testnet.rarible.com/create/start 아래 접속한다.

3-1. NFT 발행을 진행할 블록체인으로 이더리움Ethereum을 선택한다.

3-2. NFT 종류는 Single로 선택한다.

3-3. NFT로 제작할 이미지를 업로드한다.

3-4. NFT Collection에 정보를 입력한다.

  - DisPlay Name

  - Symbol

  - Description

  - Short url

3-5. NFT Contract 생성 트랜잭션을 실행한다.

3-6. NFT 정보를 입력한다.

  - NAME

  - Description

  - Royalties

3-7. NFT 생성 트랜잭션을 실행한다.

3-8. NFT 생성 결과를 확인한다.

https://testnet.rarible.com/token/0x4ac13a24e32d4e3820340dab

0d1898ab38ed1bf6:11188910245477832989284556542881902733367

29924903742546183585182481249491484673?tab=overview

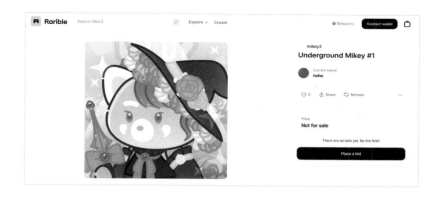

NFT 발행 방법은 위 과정에도 설명해 두었지만, 아래 QR 코드에 삽입된 영상을 통해 따라 하기가 가능하다. 이 NFT 발행하기 실습은 NFT 애그리게 이터Aggregator 라리블Rarible 테스트넷(testnet.rarible.com)에서 진행해볼 수 있다.

라리블 테스트넷 실습 동영상

인생은 MMORPG,
오늘의 나는 어제의 나보다 레벨업이 됐나?

경쟁, 협력, 수집, 육성, 그리고 콜라보라는 게임 메커니즘을 활용하는 게임화Gamification 관점에서 볼 때, 우리의 삶도 게임과 같다는 생각을 합니다. 인생이라는 MMORPGMassively Multiplayer Online Role-Playing Game(대규모 다중 접속자 온라인 역할 수행 게임)를 즐기고 있는 것입니다. 지금 40대 중반인 필자의 레벨은 게임 용어로 저렙(레벨이 낮은 초보 유저) 수준입니다. 지금보다 더 열심히 플레이해서 60세가 되면 고렙(레벨이 높은 유저), 80세가 되면 만렙(고수)이 되지 않을까 기대해 봅니다. 그런데 이 인생이라는 게임은 열심히 아이템을 장착한 만큼 스킬업Skill-Up을 통해 빠르게 레벨업도 가능합니다. 열정을 갖고 재미있게 하루하루를 플레이하면 30세에 30레벨이 아니라 좀 더 퍼포먼스가 향상된 40레벨로 당당하고 멋진 인생을 살아갈 수 있다고 생각합니다.

독자 여러분도 인생이라는 게임에서 난 어떤 정체성을 갖고 있는 캐릭터일까를 신중히 생각해보시길 바랍니다. 이 세상에서 나의 역할은 무엇이고, 어떤 목표를 달성하기 위해 열심히 사는지를 항상 고민하는 자세가 필요합니다. 이를 위해서 우리 사회에서 일어나는 불합리한 현상들을 무심히 지나치거나 무조건 받아들이지 말고 왜 그런 일들이 생겨났는지 어떤 해결책을 강구해야 하는지, 해외는 어떤 상황인지를 스스로가 알아내고 판단해서 인생을 주도적으로 이끌어가기를 바랍니다.

저는 '재미있어야 오래 하고, 오래 해야 잘하고, 잘하면 인정받고, 인정받으면 연봉이 오른다.'라는 말을 인생 모토로 삼고 있습니다. 경쟁은 동료나 동종 업계와 하는 것이 아닙니다. 어제의 나, 그리고 오늘의 나와 경쟁해야 합니다. 오늘의 나는 또 내일의 나와 경쟁해야 발전이 있습니다. 매일 밤, 잠들기 전 "내가 오늘은 어제보다 레벨업이 되었나?"라는 질문을 나 자신에게 합니다. 어느 작은 것 하나라도 업데이트가 되어야 합니다. 나 자체가 소프트웨어인 셈입니다. 소프트웨어는 프로그램 안에 존재하는 버그를 수정해 정상적으로 작동하도록 만들어야 하고 새로운 정보를 받아 계속 업데이트해야 하는데, 이를 하지 못하면 성장을 멈춘 휴면상태가 됩니다. 그럼 컴퓨터를 업데이트하거나다시 재부팅해야 하는 방법밖에 없지요.

저는 하나의 문제가 있으면 해결책을 찾기 전까지 잠을 잘 이루지 못합니다. 문제에 봉착하면 정면돌파하는 성격입니다. 피한다고 해결되는 건 아무것도 없습니다. 그 문제의 해결 방법을 찾으면 빠르게 전파를 합니다. 개발사는 자사가 보유한 기술과 노하우가 경쟁에서 우위를 차지할 수 있는 무기입니다. 저는 수퍼트리라는 블록체인 기술 개발사를 이끌어 오면서 우리만의 핵심 기술과 경험을 전부 공개했습니다. 이런 솔루션들을 업계에 빠르게 전파해야 시장의 발전도 빠르고 저희 역시 긴장감을 갖고 더 새로운 기술 개발에 집중할 힘이 생기기 때문입니다. 그동안 쌓은 4~5년간의 노하우를 얻기 위해 다른 회사도 똑같이 고생하는 걸 원치 않습니다. 그들이 바짝 따라오면 우리도 그만큼 동력을 가동할 수 있습니다. 결국 전체 시스템의 퍼포먼스가 향상되고 빠른 문제 해결이 가능하다고 생각합니다. 우리의 노하우를 우리가 쥐기만 하면 고인 물이 썩듯이 결국 현실에 안주하는 회사는 도태되기 마련입니다.

제 경영 철학은 '우리의 노하우를 빨리, 그리고 모두 전파하자!'입니다. 그러면 업계 전체에 긴장감이 생깁니다. 우리는 또 경쟁할 히든카드를 만들어야 하고 이를 위해 자연스럽게 노력하게 됩니다.

플레이댑을 론칭하고 우리를 벤치마킹하는 회사들이 많았습니다. 이는 자연스러운 흐름이라고 생각합니다. 퍼스트 무버First Mover가 있으면 패스트 팔로어Fast Follower도 빨리 따라오는 것이 합당합니다. 우리가 퍼스트 무버가 되기도 하고 패스트 팔로어가 되기도 하며 함께 동반 성장해야 건강한 산업이 형성된다고 봅니다.

저는 새로운 기술에서 조화로운 혁신과 개선 방향에 대한 영감을 얻습니다. 파괴적인 혁신을 통한 완벽한 해결을 원하는 것이 아닙니다. 반만 해결되더라도 좀 더 좋은 방향으로 전진할 수 있습니다. 문제 해결에 있어 적대적인 태도보다는 시간이 걸리더라도 조화로운 균형을 맞춰 나가는 자세가 필요합니다. IT, 의료, 바이오, 금융, 게임, 음악 등 어떤 산업이든 마찬가지입니다.

그런데 기존 레거시 시스템의 솔루션만으로는 해결이 어려운 것들이 있습니다. 블록체인 기술을 제대로 이해하고 이를 잘 적용한다면 어려운 문제도 충돌없이 부드럽게 해결할 수 있을 거라고 확신합니다. 이런 식의 조화로운 혁신을 이뤄나가길 바랍니다.

불합리한 문제를 제기할 수 있는 용기

어릴 때부터 불합리하다고 생각되는 상황에 직면하면 그냥 넘어가는 법이 없었습니다. "이게 합리적이야? 내 생각은 다른데? 왜 이렇게 해야 하지?"라는 질문을 스스로에게 끊임없이 되묻고 상황의 전후를 샅샅이 파헤쳐 기어코 합리적인 해결책을 찾아야 잠을 이룰 수 있었습니다. 지금도 이런 성격은 변함없습니다. 제가 블록체인 산업에 뛰어든 계기 중 하나도 바로 사회 곳곳에 고착화된 불합리를 블록체인 기술로 조금씩 개선해 나가고자 하는 열망이 컸기 때문입니다.

지금 생각하면 저의 본격적인 문제 제기 인생은 초등학교 6학년 시절, 학생 회장 선거부터 시작된 것 같습니다. 저는 울산에 위치한 학성초등학교 20회 졸업, 전교 회장 출신입니다. 당시 초등학교 학생 회장 선거는 부모의 치맛바람 영향이 컸지만 전 부모님 도움 없이 자발적으로 전교 회장 선거에 출마했습니다. 선거 전, 전교생이 모인 운동장 구령대 위에서 회장 선거 후보들이 열띤 유세를 벌일 때였습니다. 아직도 기억이 생생합니다. 미리 작성한 원고지 5장 분량의 선거 공약을 정해진 시간 안에 전달해야 했는데, 부모님 도움이 없었기에 선거 공약도 직접 작성하고 문방구에서 외상으로 구입한 재료들을 가지고 친구들과 함께 피켓도 만들었습니다. 드디어 제 차례가 되어 구령대에 올라섰고 공약을 발표하려는 순간, 마치 영화의 한 장면처럼 갑자기 바람이 불어 손에 쥐고 있던 원고지 5장 중 맨 위 첫 장이 날아가 버렸습니다. 너무 당황스러웠습니다. 선생님께서 바람에 날아간 종이를 주워오셨지만 전교생들의 웅성거림이 들려왔고 그 순간 전 손에 들고 있던 원고지를 찢어 던졌습니다. 미리 써놓은 공약을 줄줄 읽는 정형화된 틀을 벗어 던지고 새로운 길을 가겠다는 나름의 상징적인 의미였습니다. 저는 그동안 생각해 놓은 공약들을 자유롭게 발표했습니다. 다른 후보생들은 학습 분위기 향상과 같은 진부한 얘기만 늘어놓았지만 전 달랐습니다. '비만 오면 운동장에 물이 차서 며칠 동안 축구를 하지 못하는 상황을 막기 위해 모래를 깔겠다.'와 같은 실질적 공약을 내세웠습니다. 학생들에게 꼭 필요하다고 생각되는 개선 사항들을 내걸었습니다. 당시 공약 중 이런 것도 있었습니다. 학생 수는 많은데 교실이 부족해 오전반, 오후반으로 나눠 수업을 진행했는데, 왜 저학년이 매번 오전반 수업을 들어야 하는지에 대해서도 문제를 제기했습니다. 저는 고학년이라 오후반 수업을 들었지만 저학년 입장에는 이 상황이 불합리하다는 생각이 들었고 이를 합리적으로 해결해주고 싶었습니다. 그리고 저는 당당히 학생 회장으로 당선됐습니다. 제가 내건 많은 공약들은 대부분 시행되지 못했습니다. 학생의 신분으로 해결할 수 있는 문제들이 아니었기 때문입니다. 그럼에도 불구하고 뜻을 굽히지 않았습니다. 매주 학급의 반장들과 모여 회의하고 건의 사항을 교장선생님에게 보고하며 조금씩 문제들을 개선해 나갔습니다. 저의 불합리에 대한 문제 제기

블록체인과 데이터 3.0

인생은 이때부터 본격적으로 시작되지 않았을까란 생각이 가끔 들곤 합니다.

2002년부터 2010년까지 NHN 한게임과 네이버 본부에서 개발자로 일할 당시도 사원협의회 위원장을 맡았습니다. 회사 내에는 업무에 따라 C레벨별 조직이 나눠져 있었고 노동조합까지는 아니었지만 부서별 대표를 선출해 만든 사원협의회의 위원장이었습니다. 당시 네이버는 시가총액 10조 원을 넘기며 승승장구했지만 같은 규모의 다른 기업과는 복지 정책에 있어 차이가 많았습니다. 저는 매달 대표이사와 독대하며 사내 복지 개선 사항을 논의해 회사 규모와 걸맞은 복지 정책을 적극 추진했고, 즉시 반영되는 부분들도 상당히 많았습니다. 당시에는 사내 근로복지기금도 제대로 활용되지 못하는 상황이었지만, 사원협의회 위원장으로서 사원들에게 합리적으로 혜택이 돌아갈 수 있는 방안들을 강구했습니다. 예를 들어 출퇴근 셔틀버스의 경우, 가장 멀리 사는 직원 순으로 혜택을 주었습니다. 네이버 사옥 이전 시, 일산에 거주하는 직원들은 거의 퇴사 위기나 다름없었기에 셔틀 버스 혜택이 무엇보다 중요했고 이를 우선순위로 혜택을 주는 것이 합당하다고 생각했습니다. 셔틀 버스 출퇴근 배차 시간도 합리적이지 못했습니다. 오후 7시에 퇴근하면 버스는 7시 30분에 출발했습니다. 이동 시간 10분을 제외하고 20분은 무작정 기다려야만 했습니다. 이는 배차 시간을 조금 더 촘촘하게 조정하면 간단히 해결할 수 있는 문제였습니다. 회사도 문제를 빠르게 인식하고 적극적으로 개선해 나갔습니다. 비록 누군가는 이게 무슨 불합리한 문제냐고 생각할 수 있지만 가랑비에 옷 젖는 줄 모르는 것처럼 일상 곳곳에서 발생하는 작은 문제점들부터 합리적으로 개선해야 결국 공정한 사회를 이룰 수 있다고 봅니다. 이는 누군가는 반드시 총대를 메고 해야 할 일입니다. 그 누군가의 수가 많아지면 사회는 한층 더 빨리 성장할 수 있습니다.

지금 우리에게는 불합리한 문제를 문제로 정확히 바라보는 올바른 시각이 필요합니다. 작은 부분들부터 조화롭게 혁신을 이뤄나가는 사회, 그것이 바로 블록체인이 실현할 데이터 3.0 시대가 아닐까 생각합니다.